Happy Advice

3〜6歳の
これで安心
子育てハッピーアドバイス

子育てカウンセラー
心療内科医
明橋大二

イラスト 太田知子

1万年堂出版

プロローグ

3歳を過ぎると、
子どもの世界は
どんどん広がっていきます。

保育園、幼稚園《ようちえん》に入る
子どもも多いでしょう。

弟、妹ができる子どもも
いるかもしれません。

お母さん、お父さんに守られた世界から
一歩外の世界に出て、
さまざまな人と関わるようになります。

そこで必要になるのは、
他人と上手《じょうず》に関わるための
しつけやルールです。

しつけとは、
子どもが
自分の気持ちだけを
通そうとするのではなく、
相手の気持ちを考えて
行動できるように
なることです。

ところが、私たちは、しつけやルールを
ふだんどのように教えているでしょうか。

「食べながら歩いたらダメでしょ」

「大きな声は出さないで」

「お兄ちゃんになったのに、おかしいよ」

「相手の気持ちを考えてごらん!!」

子どもに対する否定の言葉ばかりです。

そういう言葉が繰《く》り返《かえ》されると、子どもはしだいに、

「親は自分のことがキライなんだ」

「自分は邪魔《じゃま》な人間なんだ」

と思うようになってしまいます。そうすると、
もっと言うことを聞かなくなってしまいます。

しつけやルールの
根本にあるのは
「相手のことを大切に思う心」です。

しかし、
「自分は大切にされている」
と思えない子が、
どうして人のことだけ大切に
することができるでしょう。

「自分は大切にされている」
という気持ちを、自《じ》己《こ》肯《こう》定《てい》感《かん》といいます。

これが土台になって、
「相手のことを大切にしよう」という
ルールを守る気持ちが育っていくのです。

ですから、
しつけやルールを
効果的に身につけるためには、
まず、この「自《じ》己《こ》肯《こう》定《てい》感《かん》」が
大切なのです。

では、自《じ》己《こ》肯《こう》定《てい》感《かん》を育てながら
しつけをするには、
どうしたらよいのでしょう。
それが、この3〜6歳編の
最も大切なテーマです。
皆《みな》さんと一《いっ》緒《しょ》に、考えていきたいと思います。

3~6歳の これで安心 子育てハッピーアドバイス

もくじ

プロローグ　3歳を過ぎると、子どもの世界はどんどん広がっていきます　2

1章　子どもの心が成長していくうえで、3~6歳はどういう時期にあるのでしょう　16

♣自己肯定感は、心の浮輪のようなもの　23

2章　「ありがとう」って言われるとうれしい。ほめ言葉が心の土台をすくすく育てる　26

もくじ

3章 うれしい気持ち、つらい気持ち……共感することで、「自分は大切にされている」と感じる 36

4章 子どもの話を真剣に聞くだけで、「あなたは大切な存在だよ」と伝えることになります 42

♣自己肯定感が高い人は、うぬぼれの強い人？ 56

5章 愛情を伝えるためには、子どもの側からの「甘え」が必要です 60

6章 子ども時代の甘えを、もっと大切にしましょう。甘えは人への信頼と思いやりを育む 64

7章

ルールを教えるときは、叱るより、ほめるほうがいい理由　70

①子どもの心の成長にいちばん大切な、自己肯定感が育まれる
②親子の信頼関係が作られる
③よい習慣が身につきやすくなる
④叱りすぎると、失敗を隠し、ウソをつくように
⑤叱られる恐怖心がなくなったとき、ルールを守れなくなる

8章

よい行動は、親が身をもって示す。してほしくないことは、親もしない　80

①「やってみせ」——まず大人がやってみせる
②「説いて聞かせて」——子どもに言って聞かせる
③「やらせてみ」——子どもにやらせてみる
④「讃めてやらねば人は動かぬ」——できたらほめる

もくじ

9章 子どものやる気を引き出す言葉かけ 88

①できていないところではなく、できているところを見つける
②やらないときは放っておく。やったとき、すかさずほめる
③他の子と比較しない。比べるなら以前のその子と
④方向づけは、プラスの言葉で

♣親も自分をほめましょう 109

10章 子どもを注意するときに大切な6つのこと 112

①叱るときは、子どもを止めて、目を見て、短い言葉で
②人格ではなく行為を叱る
③いけない理由をちゃんと伝える
④「ダメ」と言うより、「してほしいこと」を伝える
⑤「あなた」メッセージではなく、「わたし」メッセージで
⑥この一言を添えると、注意を受け入れやすくなります

11章 子どもは、言っても言っても同じ失敗をするものです 130
12章 それは本当に叱るべきこと？ 子どもの成長を待ち、焦らずに伝えていきましょう 134
13章 比較的叱っていいタイプの子、叱るのに注意が必要な子 142
14章 きょうだいの子育て ～個性に応じた関わり方 152
15章 ひとりっ子は、何か問題があるのでしょうか 162
投稿 みんなの【子育てあるある！】 166

もくじ

16章 育児の困った❶ 赤ちゃん返りがたいへんです 170

17章 育児の困った❷ 反抗的で生意気な口をきくように 182

18章 育児の困った❸ 登園時に離れるのがたいへん 190

19章 育児の困った❹ 片づけができない 196

20章 育児の困った❺ きょうだいげんかがひどい 202

21章 育児の困った6 乱暴な振る舞いをする 210

22章 育児の困った7 友達からいじわるされている 218

23章 育児の困った8 注意をしても、認めようとしない 224

24章 育児の困った9 子どもの相手をしていると、カッとなってキレてしまう 232

25章 育児の困った10 泣き声を聞くと、イライラする 240

もくじ

Q&A 相談に来られる皆さんから、こういう質問を受けることがあります 247

Q1 子どもがウソをつくように 248

Q2 わがままを受け入れたら、収拾がつかなくなる？ 258

Q3 キレない子に育てるためには、どうしたらいい？ 264

Q4 乱暴な子には、もっと厳しくしたほうがいいのでは？ 270

Q5 ルールを守らず、注意してもまた繰り返します 276

Q6 甘えが強い子は、ちゃんと自立できるのでしょうか 282

Q7 きょうだいを平等にほめるには？ 290

Q8 家の外ではまったく言葉を話しません 296

おわりに 300

1章

子どもの心が成長していくうえで、3～6歳はどういう時期にあるのでしょう

子どもの心が成長していくうえで、いちばん土台になるのが、「自己肯定感《じここうていかん》」です。

わかりやすくいうと、

「私は生きている価値がある」とか、

「大切な人間だ」

「必要な存在だ」とか、

「生きていていいんだ」

という気持ちのことです。もっと平たくいうと、

「私は私でいいんだ」ということです。

この土台が築かれるのが、だいたい0歳から3歳です。

これ以降も、もちろん関係ありますが、根っこになる部分が築かれるのが、だいたい0歳から3歳。

お母さんに抱《だ》っこしてもらったり、

おっぱいを吸わせてもらったり、「よしよし」してもらったり、そういうことを通じて、「自分は生まれてきてよかったんだ」「大切な人間なんだ」という気持ちが育《はぐ》まれていきます。

そういう気持ちを土台にして、初めて可能になるのが、しつけとか、生活習慣というものです。これがだいたい3歳から6歳です。

朝起きて夜寝《ね》る、トイレへ行く、服を着替《きが》える、あるいは自分の物と他人の物の区別がつく、順番を守れるなど、だいたいこのぐらいの年齢《ねんれい》にかけて身についてきます。

それを土台にして初めて可能になるのが、「勉強」です。これが6歳ぐらいからです。

それまで、小さいときに自己肯定感《じここうていかん》を育《はぐ》んでもらい、そのうえでしつけ、生活習慣を身につけた子どもは、だいたい6歳ぐらいになると、いろいろなことに好奇心《こうきしん》が出てきます。

そういうときに勉強を教えてもらうと、非常によく身につきます。ですから小学校が6歳頃《ごろ》から始まるのは、非常に合理的なことなのです。

勉強
(6歳～)
しつけ
(3～6歳)
自己肯定感
(0～3歳)

♣今、自己肯定感が傷ついている、ボロボロになっている子どもが少なくない

ところが、かつての教育論とか子育て論では、この土台の自己肯定感《じここうていかん》は、あまり問題にされてきませんでした。

ある意味、こういうものは、できていて当然、あるのが当たり前という前提のうえでなされていたと思います。では、そういう子どもに何を教えるか、となったとき、それはしつけ、生活習慣であったり、勉強であったり、ということになります。

ですから、今までの教育論とか、子育て論は、たいてい、子どもを、どうしつけるか、どう生活習慣を身につけさせるか、どう勉強に取り組ませるか、そういうことに関わっていたし、子どもに何か問題が起きたときには、「それは、しつけがなされていないからだ」と昔の人は必ず言ったわけです。

ところが今、いろんな心配な症状《しょうじょう》や行動を出す子どもたちを見てみると、この前提であ

ったはずの自己肯定感《じここうていかん》が、しっかり育《はぐく》まれていない、あるいは非常に傷ついている、ボロボロになっている、そういう子どもが少なくないということが、わかってきたのです。

そういう子どもは、どのように言うかというと、例えば、「自分なんて生きている価値がない」とか、「いらない人間」「自分なんか、いないほうがまし」などです。心配な症状《しょうじょう》や行動を出す子どもたちの話をよくよく聞いてみると、最後に必ずといっていいほど出てくるのが、こういう気持ちなのです。

もちろん、そういうことを言葉に出して表現できるかは、また別です。

年長さんの子が、「ぼくは、存在価値がないと思うんです」とか、ふつうそんなことは言いません。ですが、例えば、壁《かべ》に頭をガンガン打ちつける、いわゆる「自傷行為《じしょうこうい》」というのがありますが、そういうことで表現しようとしているのは、やっぱり「自分なんか、いないほうがいいんだ」という気持ちであったりするのです。

♣心の土台が育っていないと、言えば言うほど逆効果に

そういう自己肯定感《じここうていかん》の低い子どもに、しつけとか勉強を教えようとしても、なかなか身につきません。身につかないどころか、逆に、言えば言うほど、すでに低い自己肯定感《じここうていかん》をさらに下げてしまう、すでに傷ついている自己肯定《じここうてい》感《かん》をさらに傷つけてしまう、ということになりかねません。

ですから、3～6歳の課題である、ルールや社会性を教えるときにも、土台の自己肯定《じここうてい》感をしっかり育てておく、ということがまず、大切なのです。

では、3～6歳の子どもに、どのように関われば、自己肯定感《じここうていかん》が育《はぐ》まれるのでしょうか。

次の章から紹介《しょうかい》したいと思います。

自己肯定感は、心の浮輪のようなもの

自己肯定感《じここうていかん》というのが、どうしても抽象的《ちゅうしょうてき》で、イメージしにくい、という人があります。そういう人に対して、臨床心理士《りんしょうしんりし》で、元立命館大学教授の高垣忠一郎《たかがきちゅういちろう》さんは、自己肯定感《じここうていかん》のことを、「心の浮輪《うきわ》」のようなものだ、と言っています。

海水浴やプールで遊ぶとき、浮輪《うきわ》があれば、水面に楽に浮《う》くことができるし、浮《う》いたまま、友達《ともだち》との会話を楽しんだり、リラックスして寝《ね》たりすることもできます。

ところが、浮輪《うきわ》がないと、浮《う》くことにまず多大なエネルギーがいります。常に手足を動かしていないといけないし、ちょっとでも手を休めると、沈《しず》んでしまいます。人と会話もしにくいし、ましてや、そのまま寝《ね》てしまうなんてことは、とてもできません。

浮《う》いているということだけで、すでに相当エネルギーを消費しています。そのうえに、

例えばビーチボールで遊ぶとなれば、ものすごく疲《つか》れます。

ところが浮輪《うきわ》がある人は、浮《う》くことに対してはエネルギーは必要ないので、ボールのやりとりもわりと楽しめます。

そのように、自己肯定感《じここうていかん》の低い人は、ちょうど浮輪《うきわ》を持たない人のようなもので、ふつうに生活するだけで、ものすごく神経を遣《つか》います。ある意味、本来は使わなくていいエネルギーをたくさん使っている。自分はいい子でないと人から嫌《きら》われるのでないか、自分がちょっと失敗したらもう存在価値を失うのではないかと、常に不安で、それを必死でカバーするために、ものすごい努力をしています。だから疲《つか》れやすいし、しんどくなりやすいで

自己肯定感の
ある人は
心の浮輪が
ある感覚
浮輪に
支えられながら
安心して
浮いていることが
できます

す。「生きづらい」のです。あるいは、キレやすいともいえるかもしれません。

そういう人が、自己肯定感《じここうていかん》が育ってくると、存在価値を持つこと自体にエネルギーを費やさなくてもよくなるので、とても生きるのが楽になります。

「生きづらさ」というと、なかなかピンとこない人もあるかもしれませんが、浮輪《うきわ》なしに人生を泳いでいくことを考えると、少しイメージがわくかもしれません。

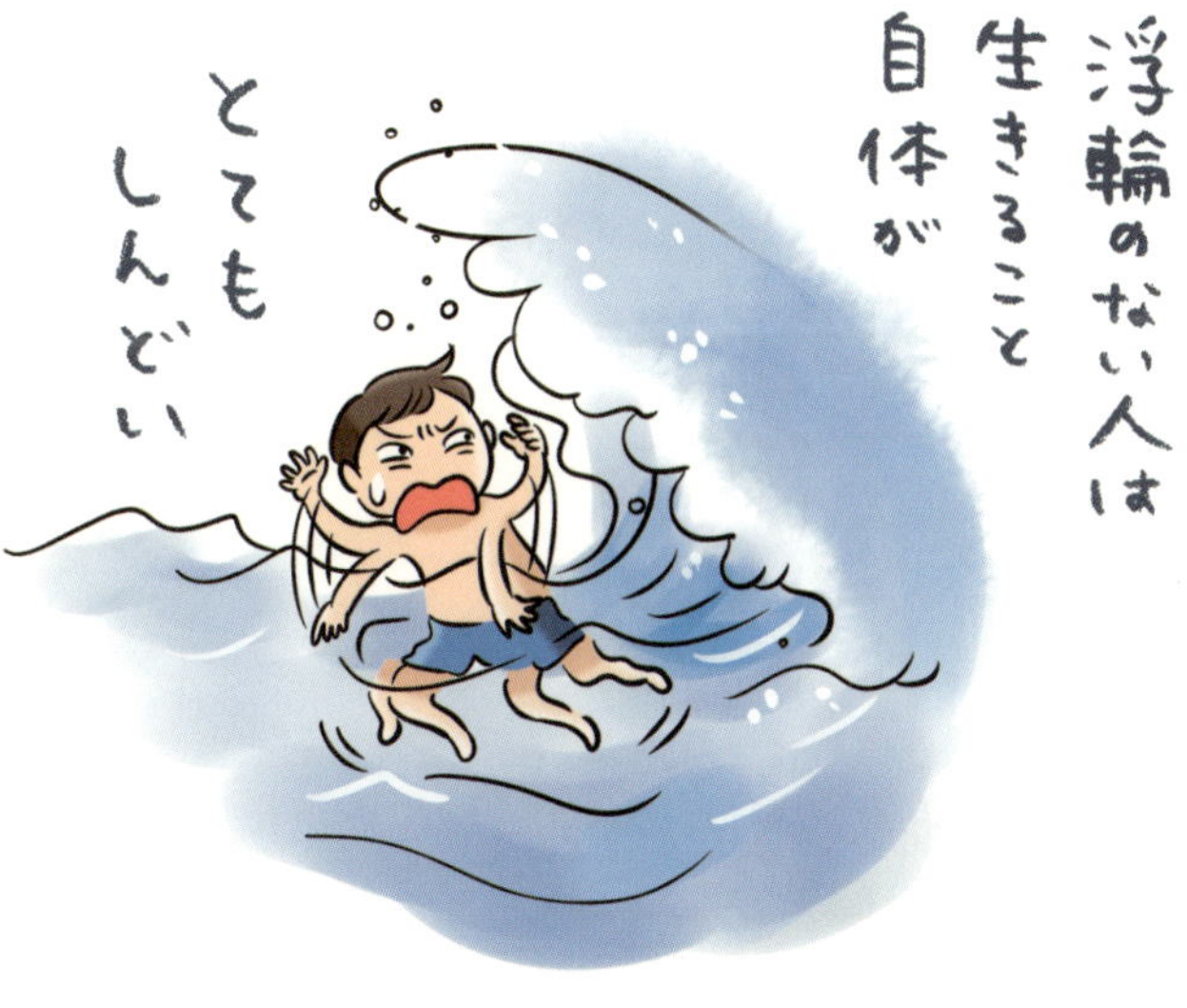
浮輪のない人は
生きること
自体が
とても
しんどい

2章

「ありがとう」って言われるとうれしい。ほめ言葉が心の土台をすくすく育てる

自《じ》己《こ》肯《こう》定《てい》感《かん》を育《はぐ》む
いちばん有効で
いちばん簡単な言葉は
「ありがとう」
です

私たちは、人から「ありがとう」と言われてどうしてうれしいのかというと
ありがとう～!!
何かお礼を言ってくれたからうれしい、というよりも
自分のしたことが人の役に立った、自分がここにいる意味があった
と思えるからうれしいのです
特に、自己肯定感《じここうていかん》が低く、心配な症状《しょうじょう》を出したり、気になる行動をしがちな子どもは
ブチッ
自分なんか何の役にも立たない
どうせ
何も取りえがない
と思っています

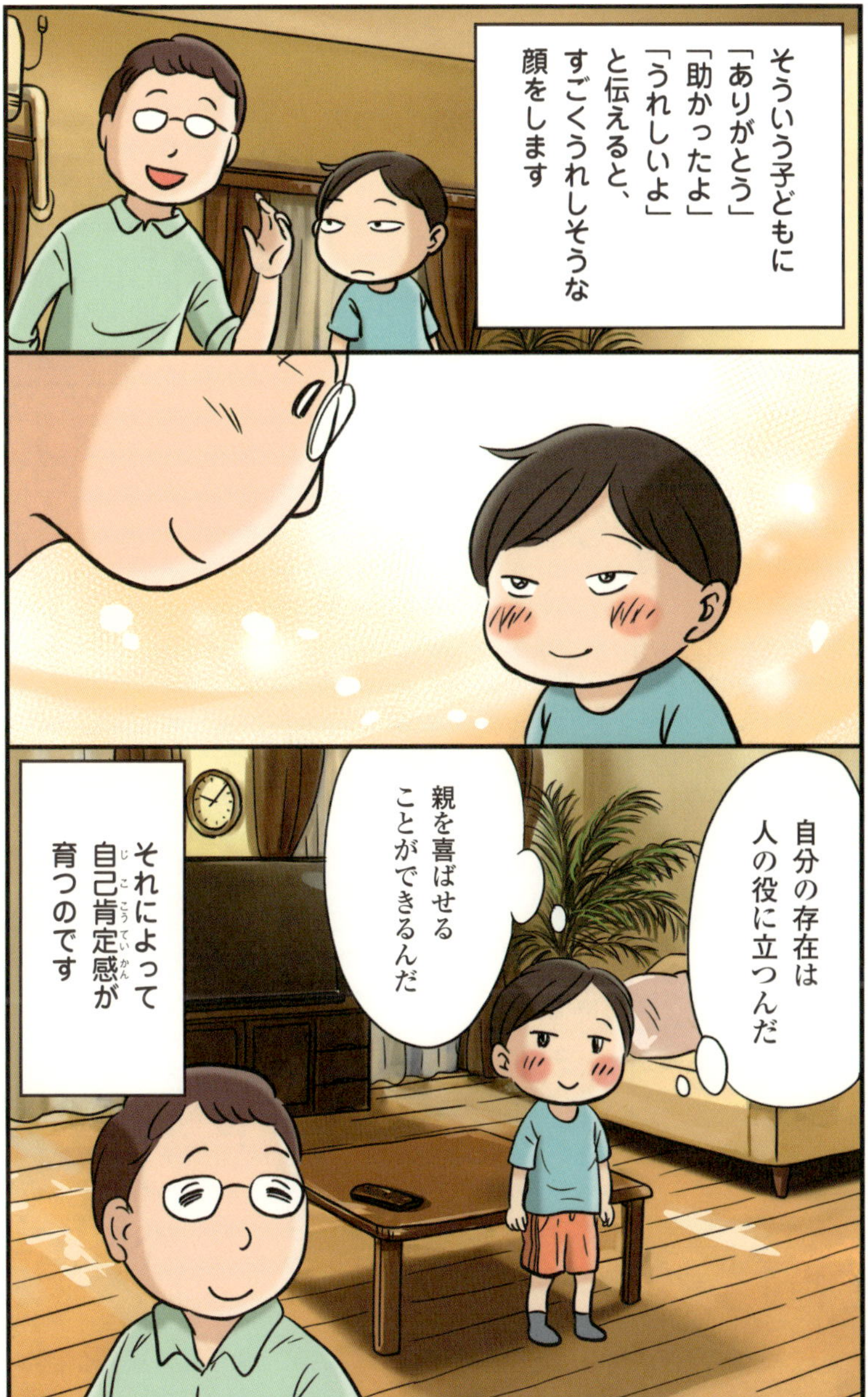
そういう子どもに「ありがとう」「助かったよ」「うれしいよ」と伝えると、すごくうれしそうな顔をします
自分の存在は人の役に立つんだ
親を喜ばせることができるんだ
それによって自《じ》己《こ》肯《こう》定《てい》感《かん》が育つのです

叱ってばかりでは

また出しっぱなし!!
すぐに片づけなきゃダメでしょう!!
自分の洗《せん》濯《たく》物《もの》は自分で片づけなさいっていつも言ってるでしょ!!
靴《くつ》もカバンも散らかしっぱなし!!
何度言ったらわかるの!!
何回も何回も同じこと言わせて!!
こんなにだらしなかったらちゃんとした大人になれないよ!
あっ待ちなさい!!
ふんだ!
ますます自分はダメな人間なんだと思うようになります

「ありがとう」と言うと……
いつも何もしないのに……
ある日たまたま
ただいまー
よいしょ
おっ
手伝ってくれるの？ありがとう
えへっ
ぼくでも役に立つことができるんだ。
次もやろうっと！
子どもの自《じ》己《こ》肯《こう》定《てい》感《かん》が育っていきます

「ありがとう」は、自《じ》己《こ》肯《こう》定《てい》感《かん》を育てる、最高のほめ言葉なのです
ある学校で、子どもたちに大人からどういうほめ言葉をかけられるといちばんうれしいか、アンケートをとったことがありました
大人から、どういうほ
かけられるといちば
うれしいですか
いろいろなほめ言葉があります
さすがだね！
よくできたね！
かっこいいね！
頭いいね！
その中で、トップにあげられた言葉が、「ありがとう」だったのです
うれしいですか
ありがとう

それほど子どもたちは
大人から「ありがとう」と
言われるとうれしいし
もっと言って
ほしいのです
ところが、私たち大人は
意外と子どもに
「ありがとう」と
言っていません
ありがとうは？
ありがとう言った？
それなのに
子どもにはよく
求めます
大人からも、
ちょっとしたこと
でもいいのです

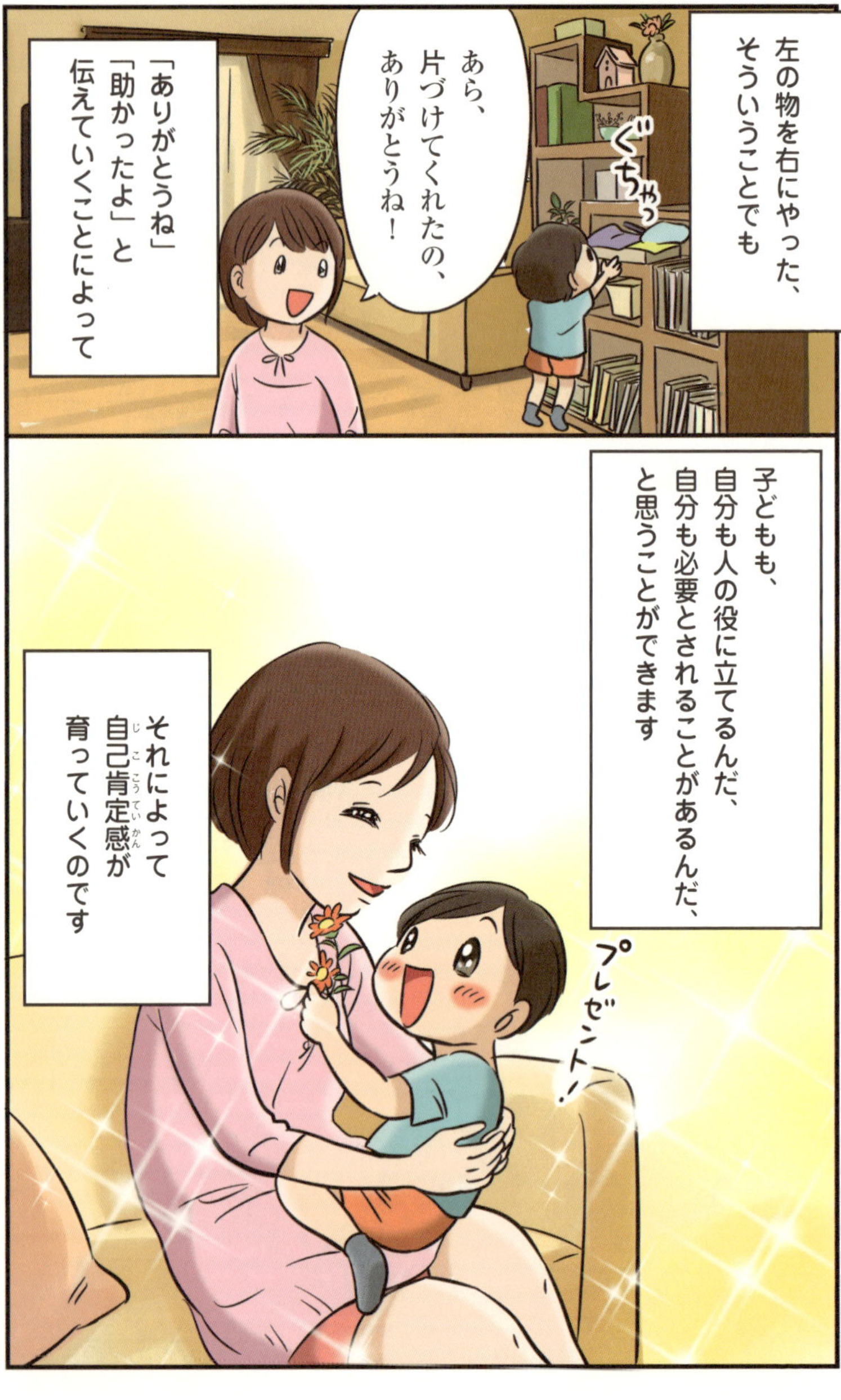
左の物を右にやった、そういうことでも
ぐちゃっ
あら、片づけてくれたの、ありがとうね！
「ありがとうね」「助かったよ」と伝えていくことによって
子どもも、自分も人の役に立てるんだ、自分も必要とされることがあるんだ、と思うことができます
プレゼント！
それによって自《じ》己《こ》肯《こう》定《てい》感《かん》が育っていくのです

3章

うれしい気持ち、つらい気持ち……
共感することで、
「自分は大切にされている」
と感じる

子どもの気持ちに気づき、それを共に体験することを「共感」といいます
わかるよ
うれしいときには一緒《いっしょ》に喜び、悲しいときは一緒《いっしょ》に悲しんでくれる
金賞
そういうときに、子どもは、自分の気持ちをわかってもらえた、と思います
そして、自分のことを大切に思ってくれていると感じます

「共感」は、自己肯定感《じここうていかん》を育《はぐ》むために、最も有効な関わりの一つです
失敗をして落《お》ち込《こ》んでいるとき
そんなことで落《お》ち込《こ》むな！
もっと強くなれ!!
と叱咤《しった》されることも時には必要かもしれません
しかしそれよりも
それはつらかったね
ショックだったね
ただ、つらい気持ちをわかってもらえるだけで、気持ちがいやされ、立ち直れることのほうが多いのです
がんばってうまくいったとき、親が一緒《いっしょ》に喜んでくれることで、さらに喜びが大きくなり
やったな!!
すごいじゃないか!!
よ――し！もっとがんばろう!!
子どもの意欲も高くなります

自分の気持ちを否定され続けると
お母さーん見て見てー
お友達《ともだち》にお手紙書いたのー
お母さん今ご飯の準備してるんだから話しかけないでよ!!
いつも見てくれない……
お母さーん
何もしてないのにお友達《ともだち》が突《つ》き飛《と》ばしてきたー!
うわあ～ん
何もしてないのに突《つ》き飛《と》ばしてくるわけないでしょ。あなたが怒《おこ》らせるようなことを言ったんじゃないの？
ガーン
子どもは自分に自信が持てなくなり
どうせ…
自己肯定感《じここうていかん》が下がります

現実には、親も忙《いそが》しいので なかなか難しいことも ありますが、 うれしいときも、悲しいときも 共感してもらえる子どもは 幸せです
お母さーん 見て見てー
お友達《ともだち》に お手紙 書いたのー
うわぁ よく書けてる ねえ
がんばって 書いたね
お母さーん
何もしてないのに お友達《ともだち》が 突《つ》き飛《と》ばして きたー!!
あら あら
悲しかったね。 よしよし
ぎゅーして お母さんが 悲しい気持ちを 吸い取るね

「子どもをほめて伸《の》ばす」というと、ほめることが、子どもを伸《の》ばす手段みたいですが
字が書けるなんてスゴイね！
絵も上手《じょうず》だね！
大切なことは、子どもの気持ちに共感すること
うれしいね！
ぱあぁ
喜びも悲しみも共にする中で、子どもは、自分が大切にされていると感じ
そこから、前向きに生きていこうという意欲も出てくるのではないかと思います

4章

子どもの話を真剣に聞くだけで、「あなたは大切な存在だよ」と伝えることになります

子どもが言葉を話せるようになったら話を聞きましょう
プンスカ
プンスカ
ドカドカ
どうしたの？何かあったの？
ぼくが先にやってたのに
ドンッて押《お》してきて!!
あらあら
押《お》してきたの
子どもの話を真剣《しんけん》に聞くだけで、あなたは大切な存在だよ、と伝えることになります

そんなことされたら嫌《いや》だったねえ
ぎゅっ
おーよしよし
子どもの話を聞き、気持ちを受け止めるだけで、子どもは、すごく自分を大切にしてもらったという気持ちになります
あれ、スッキリしてる

話を聞くときに大切なこと

1 子どもの話している時間より、自分の話している時間のほうが、長くなってはいけません

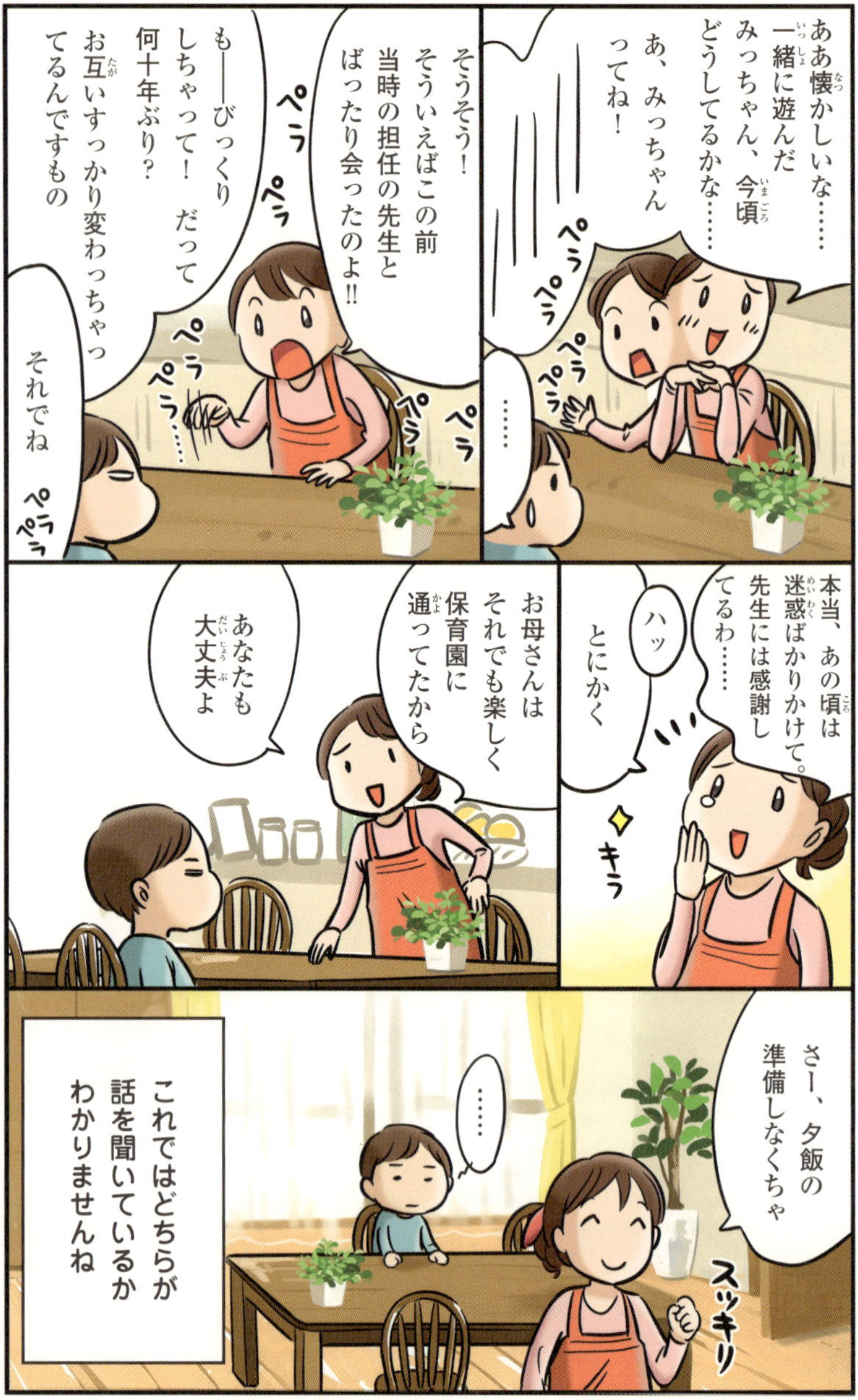

ああ懐《なつ》かしいな…… 一緒《いっしょ》に遊んだ みっちゃん、今頃《いまごろ》 どうしてるかな……
あ、みっちゃん ってね！
ペラ ペラ
ペラ ペラ
……
そうそう！ そういえばこの前 当時の担任の先生と ばったり会ったのよ!!
ペラ ペラ
も———びっくり しちゃって！ だって 何十年ぶり？ お互《たが》いすっかり変わっちゃってるんですもの
ペラ ペラ……
ペラ ペラ
それでね
ペラ ペラ
本当、あの頃《ころ》は 迷惑《めいわく》ばかりかけて。 先生には感謝し てるわ……
ハッ
とにかく
キラ
お母さんは それでも楽しく 保育園に 通《かよ》ってたから
あなたも 大丈夫《だいじょうぶ》よ
さー、夕飯の 準備しなくちゃ
スッキリ
……
これではどちらが 話を聞いているか わかりませんね

話を聞くときに大切なこと

2 大きくうなずいて「そうか、そうか」と言って聞く

自分から積極的にアクションを起こすことで、子どもの話を引き出すことができます
パパ ちょっと 聞いてよ〜
いちばん簡単で有効なのは、「そうか、そうか」と、相手の話を聞くときにうなずくことです
今日こんなことがあって あんなことがあって
うん うん
ペラ ペラ
うなずいてもらうと、自分の話を聞いてもらっている気がして、話しやすくなります
私もいろんな所で話をしますが、時々「うん、うん」とうなずいてくださる方があると、うれしくなって話しやすくなります
なるほど〜
そうだなぁ
うん
うん
ところが、誰《だれ》もうなずかない、微動《びどう》だにもしない所だと、壁《かべ》に向かって話しているようで非常に話しづらいのです
シ——ン
ギャグを言ったのに……
それは子どもも同じです

ノーリアクションだと
おとーさん
今日ね、先生がね
あそこ行ったって言ってたよ
……
ほらあそこ！
……
この間みんなで行った所……
……
イルカがいて楽しかった……
……
あの……
話しづらいな
何でもない

うなずくと
おとーさん
今日ねー 先生がねー
うん うん
あそこ行ったって言ってたよ
イルカ見た所
水族館!?
そう!!
それでこんなことがあったんだって
へぇー
それでそれで
こんなことも言ってたよ
うんうん
そうかそうか
話しやすい!!
それでね!
うん うん
聞いてもらった!!
「そうか、そうか」とうなずくことが大事なのです

話を聞くときに大切なこと
3
相手の言葉を繰り返す
こういうことがあって悔《くや》しかった——
そうかー悔《くや》しかったねー
そう!
こういうことでうれしかったの!
それはうれしかったねー
「同じ言葉なので意味ないじゃないか」と思われるかもしれませんが
スッキリ
同じ言葉でも相手から返ってくると、非常によくわかってもらえたという感じがするのです

これは子どもだけでなく大人でもそうです
私はいろんな人の話を聞く仕事をしています。ある日、子育ての悩《なや》みで頭痛がひどい、というお母さんが診察《しんさつ》に来られました
先生、聞いてください!!
うちの子、近頃《ちかごろ》私の言うことを全然聞かないんです!!
遊びから帰ってきたら、宿題をして、次の日の準備をするように声をかけているんですけど、無視してゲームばかりしているんです!!
前はかわいくていい子だったのに、今はすっかり口も悪くなって本当にイライラしっぱなしです！
そうですか。声をかけているのに、お子さんが無視してゲームばかりしているんですね
そうなんです!!

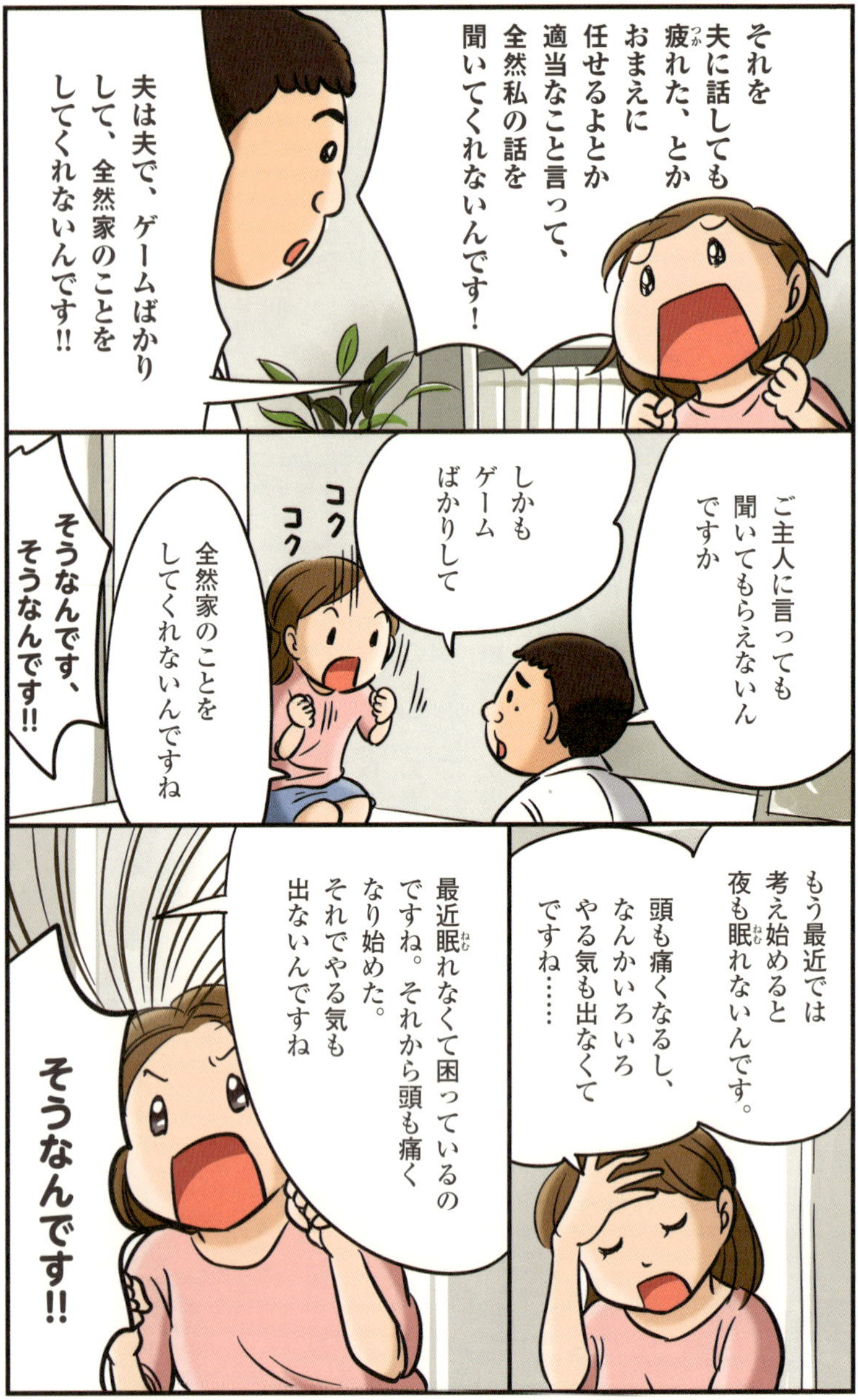
それを夫に話しても疲《つか》れた、とかおまえに任せるよとか適当なこと言って、全然私の話を聞いてくれないんです！
夫は夫で、ゲームばかりして、全然家のことをしてくれないんです!!
ご主人に言っても聞いてもらえないんですか
しかもゲームばかりして
コクコク
全然家のことをしてくれないんですね
そうなんです、そうなんです!!
もう最近では考え始めると夜も眠《ねむ》れないんです。
頭も痛くなるし、なんかいろいろやる気も出なくてですね……
最近眠《ねむ》れなくて困っているのですね。それから頭も痛くなり始めた。それでやる気も出ないんですね
そうなんです!!

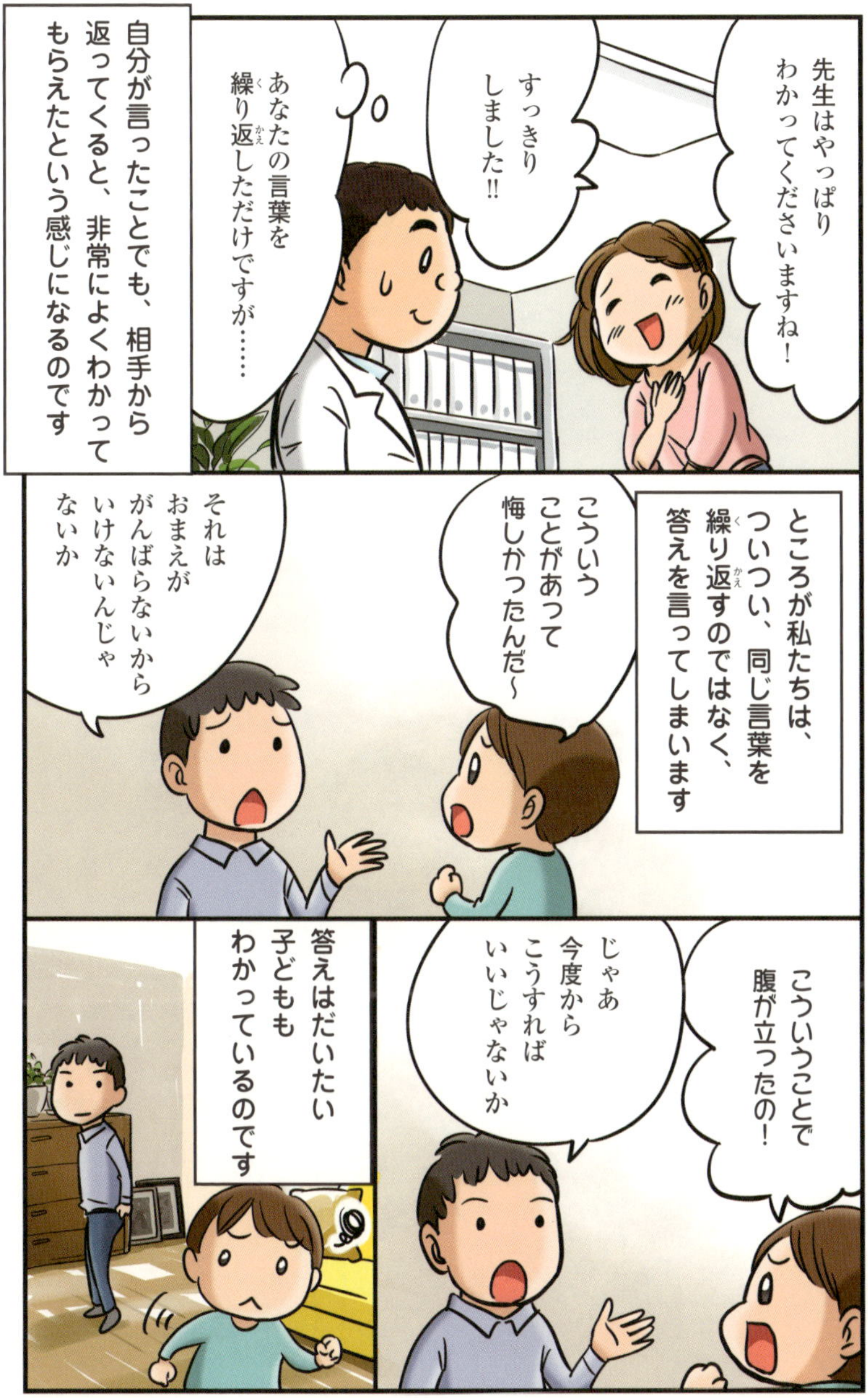
先生はやっぱりわかってくださいますね!
すっきりしました!!
あなたの言葉を繰《く》り返《かえ》しただけですが……
自分が言ったことでも、相手から返ってくると、非常によくわかってもらえたという感じになるのです
ところが私たちは、ついつい、同じ言葉を繰《く》り返《かえ》すのではなく、答えを言ってしまいます
こういうことがあって悔しかったんだ～
それはおまえががんばらないからいけないんじゃないか
こういうことで腹が立ったの!
じゃあ今度からこうすればいいじゃないか
答えはだいたい子どももわかっているのです

じゃあ、わかっているのになぜ言うのかというと、そういう悔《くや》しい気持ち、腹立った気持ちをわかってほしくて言っているのです
うん うん
そうだったの
へぇー
そうだったの
わかってもらっている……
だからこちらは「わかったよ」ということだけを伝えればいいのです。それが、同じ言葉を繰《く》り返《かえ》す、ということです
相手の言葉を繰り返す
そうかそうかとうなずく
それだけでいろんな話をしてくるようになります
今日保育園楽しかった？
別に
何か楽しいことあっただろ～！
何もない
子どもが全然話をしてこない、保育園のことを聞いても言わない、ということがありますが

たいてい、そういう場合は
今、お手紙がはやってて、今日ぼくももらったんだー
え!? 誰《だれ》からもらったの?
もらったときありがとうは言ったの?
お返事は書いたの?
何て書いてあった?
いつからお手紙はやってたの? おまえはお友達《ともだち》に書いたことあるの?
見せて
何か子どもが1つ言ったら10くらい返しているのです
なんでおまえはありがとうくらい言えないの! そんなんじゃ嫌《きら》われちゃうぞ。ほんとにしょうがないな! 明日会ったらちゃんとお礼を言うんだぞ!
そして、だいたい否定されるようなことが返ってきます
ほらわかったら返事は?
……はい
そうなると、言えば言うだけ叱《しか》られることになり、言わなくなります
「ふん、ふん」と聞いていると、だんだん子どもはしゃべるようになります。
保育園から帰ってきたら、顔中口にしてしゃべるようになります
お父さーん今日ねー!!

自己肯定感が高い人は、うぬぼれの強い人？

最近、自己肯定感《じここうていかん》という言葉があちこちで聞かれるようになりました。同時に、この言葉の誤解も多くなってきたように思います。

その一つが、自己肯定感《じここうていかん》を〝うぬぼれ〟とか〝俺様状態《おれさまじょうたい》〟と勘違《かんちが》いする誤解です。

例えば「高すぎる自己肯定感《じここうていかん》が犯罪の背景にあった」というような使われ方をされることがあります。

うぬぼれと自己肯定感は違う

俺様はスゴイんだから
ありのままの自分、わかってナイね！

しかし私は、自己肯定感《じこうていかん》とうぬぼれは、まったく違《ちが》うと思っています。どこが違《ちが》うのか、その違《ちが》いを2つ挙げたいと思います。

(1) 自己肯定感が高くて都合が悪い、ということはない

自己肯定感《じこうていかん》とは、「自分は生きている価値がある」「大切な存在だ」「必要とされている」という気持ちです。

これに、高すぎる、とか、高くて都合が悪い、ということはありません。自分のいいところもダメなところも全部含《ふく》めて、自分のありのままの価値を認める、自分の命の価値を認める。このことに、行き過ぎはありません。

それに対して、〝うぬぼれ〟とは、自分に対する過大な評価です。

本当はできないのに、「俺《おれ》はできるんだ」とうぬぼれることをいいます。

これは、本当の自分の姿に向き合えていない、勘違《かんちが》い状態です。その意味で、自己肯定《じこうてい》感《かん》とうぬぼれは違《ちが》います。

(2) うぬぼれている人は、自分の非を認めることができない

自己肯定感《じここうていかん》の高い人は、自分の非を認めることができます。自分の至らないところを受け入れることができます。しかし、うぬぼれている人は、自分の非を認めることができません。

非を指摘《してき》されると、必死で反論したり、逆ギレしたりします。

それは、うぬぼれている人は、どこかで、自分を無理に高く見せようとしている、強が

っている、そしてその背景には、逆に不安やコンプレックスがあるからだと思います。

もちろん、うぬぼれのない人なんてないし、実際には、そんなに両極端《りょうきょくたん》に分かれるものではないかもしれません。

しかし、自己肯定感《じここうていかん》という言葉の本当の意味をぜひ知ってもらいたい、という気持ちから、このように話をしています。

5章

愛情を伝えるためには、子どもの側からの「甘え」が必要です

子育てで、大切なものは何か、と問われて、「愛情」と答える人は多いでしょう。これに異論を唱える人は、まずいないと思います。

ところが、私たちが、子どもに愛情をかけようとするときに、子どもの側にも実は、必要な条件があるのです。それは、子どもの側から、大人に愛情を求めるアクションです。

●甘えがあって「愛情」を伝えられる

そしてそれが、「甘《あま》え」なのです。「甘《あま》え」があって、初めて、「愛情」を伝えることができます。甘《あま》えない子に、愛情を伝えることは、なかなか難しいです。

●甘えない子に愛情を伝えることは難しい

「愛情」と「甘《あま》え」とは、車の両輪のようなものです。「愛情」を大切にするなら、「甘《あま》え」も大切にすべきなのです。

世間では、愛情は大事、だが、甘《あま》えはダメだ、といいますが、これはまったく矛盾《むじゅん》しているのです。

甘《あま》えを受け止めてもらったとき、子どもは、自分は大切にされていると思い、またそのように大切にされるのは、自分に価値があるからなんだ、と自《じ》己《こ》肯《こう》定《てい》感《かん》が育つのです。

甘え
愛情
2つはセットで成立します

6章

子ども時代の甘えを、もっと大切にしましょう。甘えは人への信頼と思いやりを育む

そしてこれは、子どもの世界だけではありません。夫婦の会話、友達《ともだち》との義理人情、上司に相談する、飲み屋に行って同僚《どうりょう》と愚痴《ぐち》る、スナックに行ってママにいやしてもらう……、こういうものが、適切に機能することで、社会は成り立っているのです。

●大人の世界でも甘えは大切です

甘《あま》えを完全に排除《はいじょ》して、私たちは生きていくことができません。自分は甘《あま》えるよりも、甘《あま》えさせる立場だ、という人もあるでしょう。そんな人は、人の世話をして、人から必要とされることで、やはり甘《あま》えの恩恵《おんけい》を受けています。

今日《こんにち》、人間関係が希薄《きはく》になり、夫婦、親子、友達《ともだち》、恋人《こいびと》、皆《みな》、あたりさわりのない、表面的な会話しかしなくなっている、といわれます。それは、言葉を換《か》えれば、お互《たが》い、甘《あま》えなくなった、ということです。

●今日は、甘えられない人が増えている

その結果、どうなっているかというと、「依存症《いぞんしょう》」の大幅《おおはば》な増加です。

昔は、依存症《いぞんしょう》というと、アルコール依存症《いぞんしょう》でした。しかし今日《こんにち》は、アルコールに限らず、薬物に依存《いぞん》する人、食べ物に依存《いぞん》する人（過食症《かしょくしょう》）、パチンコ依存症《いぞんしょう》、ゲーム依存症《いぞんしょう》、買い物依存症《いぞんしょう》、仕事依存症《いぞんしょう》、スマホ依存症《いぞんしょう》、恋愛依存症《れんあいいぞんしょう》、ストーカーなど、あらゆるものが、依存《いぞん》の対象になっています。

これらの依存症《いぞんしょう》にすべて共通するのは、いくら依存《いぞん》しても、安心感、満足感が得られない、そして孤独感《こどくかん》と罪悪感にさいなまれる、ということです。

●人に依存しないかわりに、ものに依存するようになる

親子や、夫婦、友達《ともだち》など、本来、甘《あま》えていいところで甘《あま》えないために、本来、甘《あま》えなくていいところで甘《あま》えずにおれない人が増えている、これが、現代の世相ではないかと思います。

これに大きく影響《えいきょう》を与《あた》えているのが、「甘《あま》えはよくない」という誤った常識です。

ですから、私たちは、子ども時代の「甘《あま》え」を、もっと肯定《こうてい》すべきです。

日本は、元来、子どもの甘《あま》えを大切にする国でした。

それは決して恥《は》ずべきことではありません。

なぜなら、甘《あま》えは、人への信頼《しんらい》と思いやりを育《はぐく》むからです。

日本の犯罪率が、諸外国に比べて、圧倒的《あっとうてき》に低いのは、幼少時代の甘《あま》えを大切にすることと、関係するともいわれているのです。

7章

ルールを教えるときは、叱るより、ほめるほうがいい理由

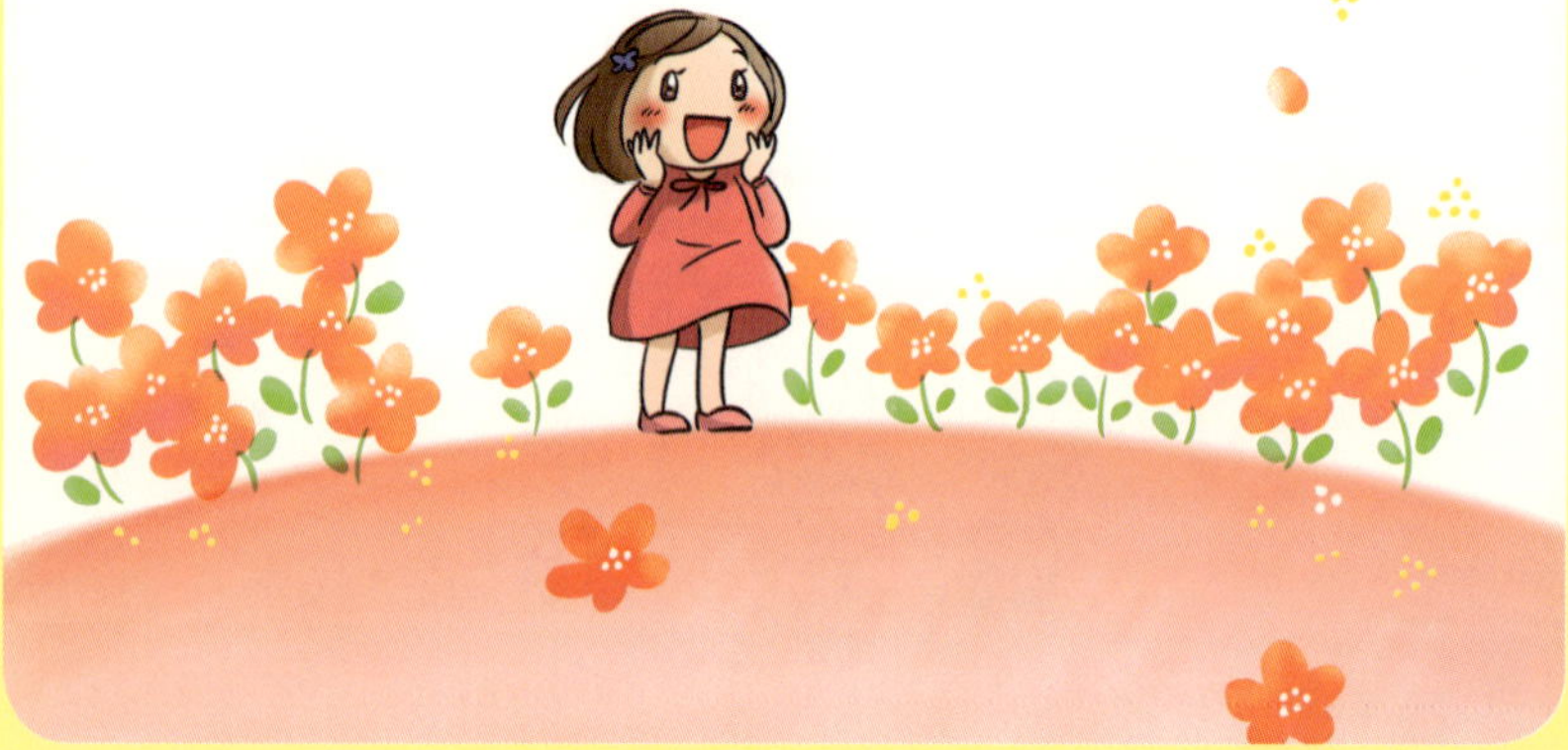

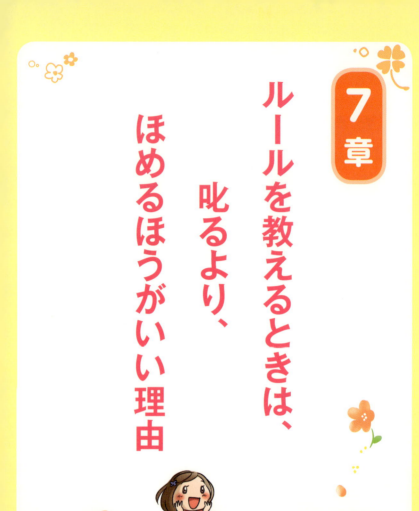

しつけとは、一言でいうと、自分をコントロールする術を、身につけることです。具体的には、基本的生活習慣と、対人関係（社会）でのルールです。

子どもは2歳を過ぎる頃《ころ》になると、少しずつ、ルールを理解することができるようになります。しかしまだ、言われたとおりにすることはできません。

3歳を過ぎる頃《ころ》になると、子どもは、ようやく、簡単なルールを守れるようになります。多くの子どもは、他人の気持ちを理解できるようになります。ただ、そのときの気分に左右されることも多く、また、できる程度も、日によって大きく差があります。落ち着いて他の子どもと協力できるようになったかと思えば、ルールをわざと破って親に反抗《はんこう》することもあります。

よく、してはいけないことを注意することが、ルールを教えることだといわれます。

しかしこのやり方だと、してはいけないことをしょっちゅうやる子に対しては、叱《しか》ってばかりに

みんなであそぶのよー！
ぼくのボール！

なってしまいます。そうすると、もっと大切な、土台の自《じ》己《こ》肯《こう》定《てい》感《かん》を下げてしまうことになります。そうなると、子どもはやる気を失い、よけいにルールを守れなくなります。「言っても言っても、ちっとも言うことを聞かない」というときには、たいていこういう悪《あく》循《じゅん》環《かん》になっているのです。

実は、子どもにルールを教えるときには、叱《しか》るよりも、ほめるほうがはるかに有効だといわれています。できないところを叱《しか》られるより、できていることをほめられるほうが、はるかに身につくのです。

確かに、ガツンと叱《しか》れば、子どもは言うことを聞くので手っ取り早いですが、その弊《へい》害《がい》も無視することはできないのです。

ほめたり、叱《しか》ったりするのは、何のためかというと、子どもに「悪い行いをやめさせ、正しい行いを身につけさせる」、そして、自分も幸せになり、他人も幸せにする人生を送ってほしいからです。

ところが、叱《しか》り方《かた》を間《ま》違《ちが》えると、子どもの自《じ》己《こ》肯《こう》定《てい》感《かん》を損《そこ》ない、「自分はダメな人間な

さっさと片づけろ!!
二度と同じセリフ言わせるな!!

んだ」「生きていても価値のない存在」と、追《お》い詰《つ》めてしまいます。それでは、自分も他人も大切にすることはできません。ちっとも叱《しか》らない子育ても確かに問題ですが、それよりも、叱《しか》りすぎて子どもを不幸にしているほうが、はるかに多いのです。

幸せな子どもを育てるためには、叱《しか》るより、ほめるほうが有効な理由を、具体的に挙げてみましょう。

1 子どもの心の成長に いちばん大切な、自己肯定感が育まれる

ほめられることによって、
心の土台、自己肯定感《じここうていかん》が築かれます。
この土台がしっかりしていれば、
さまざまな困難があっても
たくましく幸せに成長していくこと
ができます。

すごいね
さすがだね
自己肯定感

2 親子の信頼関係が作られる

信頼関係《しんらいかんけい》があると、たとえ叱《しか》っても「親は自分のために叱《しか》ってくれているんだ」と感じます。しかし、子どもが親に心を閉ざしている状態では、叱《しか》っても心に入らないどころか、「親は自分を嫌《きら》いなんだ」と思ってしまいます。

3 よい習慣が身につきやすくなる

ほめられると、またやろう！と意欲がわくのは、大人も同じですよね。逆に叱《しか》られてばかりだと、すねたり、聞き分けが悪くなったりして、よい習慣が身につきにくくなります。お母さんもイライラして、悪循環《あくじゅんかん》になってしまいます。

✕叱られてばかりだと、やる気をなくし、悪循環に

○ほめられると、やる気が出る

4 叱りすぎると、失敗を隠し、ウソをつくように

厳しく叱《しか》りすぎると、「なぜそうしなければならないか」を学ぶ前に、「いかに叱《しか》られないか」で行動するようになるため、失敗を隠《かく》し、ウソをつくようになります。

5 叱られる恐怖心がなくなったとき、ルールを守れなくなる

「叱《しか》られるのが怖《こわ》いからやらない」のは、本当にルールが身についたのとは違《ちが》います。成長して恐怖心《きょうふしん》を感じなくなったときに効力を失い、自分の行動がコントロールできなくなります。

8章

よい行動は、親が身をもって示す。してほしくないことは、親もしない

「米百俵」の逸話《いつわ》で知られる新潟県長岡《にいがたけんながおか》出身の、山本五十六《やまもといそろく》は、人材育成のための、さまざまな格言を残しています。

特に、「やってみせ、説いて聞かせて、やらせてみ、讃《ほ》めてやらねば、人は動かぬ」という言葉は、子どもに、物事を教えるときに大切なことを、極《きわ》めて簡潔に示していると思います。

1 「やってみせ」——まず大人がやってみせる

まず、子どもに何か教えようというときには、大人がやってみせる、ということが大切です。

実際、子どもの悪い行動をやめさせ、正しい行動を身につけさせるときに、いちばん有効なのは、「親が身をもって示すこと」といわれます。

親が、子どもにしてほしい、と思うことを、親自身がふだんから子どもの前でしていく。逆に、してほしくないことは親がまずしないようにすること。

子どもは、大人のよい行動も悪い行動も、そっくりそのまま、まねていきます。口で言うことよりも、目で見たことのほうが、子どもの行動に大きく影響《えいきょう》するからです。

礼儀《れいぎ》正しい子に育てようと思ったら、親がまず礼儀《れいぎ》正しくしていくことです。

子どもに、「人をたたいてはいけない」と教えているのに、親が子どもをたたいていては、子どもは、「やっぱり相手が悪いときにはたたいていいんだ」と思ってしまいます。

「子は親の鏡」といわれるのは、そのためなのです。

2 「説いて聞かせて」——子どもに言って聞かせる

やってみせたあとに、大切なことは、言葉で説明することです。

こうすることが、どうして大切なのか、あるいは、どうしてしてはいけないのか、ちゃんと言葉で説明することが大切です。

私たちは、納得《なっとく》いかないことを「やれ」と言われても、なかなかできないし、続かないでしょう。逆に心から納《なっ》得《とく》したことは、これからもしようと思うと思います。

小さな子どもであっても、理不尽《りふじん》な

あいさつをすると
したほうも
されたほうも
とってもいい気持ちに
なるんだよ！
あいさつって、
たった一言だけど
あなたのこと好きですって
気持ちを伝えることに
なるの

ことは、子どもなりにわかります。逆に理屈《りくつ》が通ることなら、子どもも納得《なっとく》するでしょう。子どものときから、この世は、理屈《りくつ》が通っており、公正で、ルールがあるんだ、ということを教えていくのです。それが、また自分や周囲に対する信頼《しんらい》につながるのだと思います。

3 「やらせてみ」――子どもにやらせてみる

私たちは、言ったらそれでもうできるものだ、と思ってしまいます。

しかし言って聞かせても、おそらく子どもは1割も理解していません。

それをちゃんと伝えるために、大切なのが、一度、子どもに「やらせてみる」ということです。一度、練習してみる、ということです。

「靴《くつ》は脱《ぬ》いだらそろえなさい」と言っても、子どもは「そろえる」ということがわかりません。

そこで、大人がやってみせて、そのとおり一度子どもにやらせてみることが必要です。

そしてうまくできたらほめるのです。そのほうがはるかによい行動が早く身につきます。

「ご飯の前にはちゃんと手を洗いなさい」と言われても、手をどう洗うか、子どもはわかりません。ですから、大人がまずやってみせて、子どもにも同じことをさせてみる。そしてできたらほめるのです。そうすると、次からどうすればいいか、はっきりわかります。

一度、子どもに、目の前でさせてみる、ということがとても大切です。

じゃあ今度は
あなたが
お母さんに
やってごらん

4 「讃めてやらねば人は動かぬ」――できたらほめる

そしてできたらほめる、ということです。叱《しか》られるより、ほめられるほうが、はるかに身につくし、モチベーションが上がります。ただ、このほめることに関しては、少し工夫が必要なので、次の章で詳《くわ》しく述べたいと思います。

大切なのは、**「大人がやってみせる→言って聞かせる→やらせてみる→できたらほめる」**というサイクルです。これが、最も子どもが早くよい行動を身につける、最も有効なパターンなのです。

先生
おはよう
ございます!!
うわぁ
みーちゃん、
とってもすてきな
ごあいさつ!!
朝からとっても
気持ちがいいね!!

9章

子どものやる気を引き出す言葉かけ

しかし、「叱《しか》るより、ほめましょう」と言うと、即座《そくざ》に親御《おやご》さん方から反論が返ってきます。「ほめるのが大事なのはわかっています。でも、じゃあ、うちの子ども、どこをほめればいいいんですか！　毎日、片づけもしないし、遊んでばっかりで言うことも聞かない。ほめるところなんかないじゃないですか！」

確かに親御《おやご》さんがイライラするのも無理ありません。しかしそういう子どもでも、少し見方を変えることで、必ずほめるところが見つかってくるのです。

そのポイントは、「いいことをしたらほめよう」「がんばったらほめよう」というのではなく、今の子どもの中にすでにある、いいところ、がんばっているところを見つけていく、という

ことです。

以下に、そのコツを、いくつかご紹介《しょうかい》したいと思います。

すべてを実行する必要はありません。これならできるな、というところから、やってみていただきたいと思います。実際やってみると、びっくりするほど、子どもが素直《すなお》になり、意欲的になることに、きっと驚《おどろ》かれることと思います。

1 できていないところではなく、できているところを見つける

10のうち、子どもが1しかできなかったとき、私たちは、ついつい「何で、1しかできないの」「あとの9はどうしてできないの」と言ってしまいます。つまり、かける言葉のうち、1をほめる言葉は、まず出てきません。

しかし、考えてみてください。10のうち、できたのは、0ではないのです。1はできているのです。

ところが、たとえ2割できたとしても、「何で8割できないの?」

3割できたとしても、「何で7割できないの?」と、なぜか否定の言葉しか出てきません。

決して、まったくできていないわけではないのに、「自分なんか全然ダメだ」と、ヤル気をなくす子が多いのは、こういうところに1つの理由があるのではないでしょうか。

✕ できないところに注目する

○できないところは目をつぶり、できたところをほめていく

これは大人も、同じだと思います。

✕できないところばかり注目する

◯できているところを見つけて感謝すると……

2 やらないときは放っておく。やったとき、すかさずほめる

例えば、片づけなど、子どもは、やるときとやらないときがあります（ほとんどはやらないかもしれませんが）。つまり、行動に波があるのです。

私たちは、ついつい、やらないときに叱《しか》ります。「また、片づけもしないで！」

そして、やっているときは、当然なので、何も言いません。そうすると、行動に多少波があっても、本人は常に叱《しか》られていることになります。

それを逆にする。つまり、やらないときには言わないで、やったときに（ほんのちょっとしたことでもいいです）、すかさず、ほめるのです。

「今日は、お片づけできたね。えらいね」

「今日は、お茶碗《ちゃわん》、流しに持っていってくれてありがとう」

これは、よくない行動に対しても使えます。

いつも妹をいじめるお兄ちゃん、でも今日は、たまたまいじめなかった。そういうとき

に、「今日は仲良くしていたんだね」「妹と一緒《いっしょ》に遊んでくれてありがとう」と伝えていく。

そのほうが、よい行動が身につく可能性が高いのです。

✕やらないときに叱り、やったときは何も言わない

○やらないときは何も言わず、やったときにすかさずほめる

3 他の子と比較しない。比べるなら以前のその子と

私たちは、ついつい子どもを、他の子と比較《ひかく》してしまいます。

「あの子は、あんなにいい子なのに」

「ちょっとはあの子を見習ったらどうなの？」

親としては、他の子と同じように、あなたもいい子になってほしい、ということなのですが、子どもはそうは聞きません。

いい子が欲《ほ》しいんだったら、あの子を子どもにしたらよかったじゃないか、自分じゃなくてもよかったじゃないか。自分なんかいらない子だったんじゃないか、と思ってしまう子もあります。結果、よけいにやる気を失わせることになりかねません。

子どもによって、成長には個人差がありますし、いろんな事情もあります。表面的なところだけで比較《ひかく》して、あの子はいい、この子はダメ、とは、本当はいえないのではないでしょうか。

もし、比較《ひかく》するとすれば、私は、以前のその子と比較《ひかく》するのがいいと思っています。

子どもですから、少しずつでも成長していきます。

1年前にできなかったことが、今年はできるようになっています。半年前、わからなかったことが、今はわかるようになっています。

そうすると、子どもなりの成長、がんばっているところが見えてくるはずです。それを伝えれば、子どももやる気を出して、さらに成長していくのではないでしょうか。

×他の子と比較すると、やる気を失わせる

○以前のその子と比べると、成長が見えてくる

番外 よその子が気になる母

完璧《かんぺき》な人間は存在しませんし
自己主張はできるけれど実はその一方
言い方がキツい
入れてあげない!!
友達は多いが実はその一方
だらしない
ひらがなは書けるが実はその一方
運動が苦手
ピアノは弾けるが実はその一方
泣き虫
得意不得意は誰《だれ》にでもあります
子どもの得意なことは何でしょう
大好きで、それをやっていると時間を忘れて夢中になっていること

今あるその子のいいところを
見つけられたら、
親も子も、きっと
幸せになるでしょう
人と比べるのは
あまり意味がありません。
比べる気持ちが出てきたら、
過去のその子と比べてみてください
いつの間にか
友達《ともだち》と上手《じょうず》に遊べる
ようになってる。
以前はよく
泣いていたのに
大きくなったんだ
なあ……
かーしーて
いいよ！一緒に遊ぼう！
間違《まちが》いなく成長している姿に
きっと驚《おどろ》かされると思いますよ

4 方向づけは、プラスの言葉で

子どもを何とかやる気にさせようと「あれしなさい」「これしなさい」と言っても、ちっともやる気にならないことがあります。

そういうときは、少しやり方を変えて、

「ありがとう」

「助かったよ」

「うれしいよ」

という言葉で、方向づけをする、という方法があります。

例えば、みんなの使う居間に、おもちゃやマンガやお菓子《かし》のクズなどが散乱しているとします。子どもはちっとも片づけようとしません。

そういうときに、どう言ったらいいでしょうか。

命令、指示を繰り返すと……

もう、また散らかして！
晩ご飯までにちゃんと片づけておきなさい！
は、はい……
まったく
ぶつぶつ
よいしょ
ん!?
あ!!
もう！マンガなんか見てないで
早く片づけなさい!!
ごっごめんなさい
わわっ
早く早く！ぐずぐずしないの!!
きゃんきゃん
は――
ふ――
確かに、部屋《へや》は片づきますが、子どもも親も、相当ストレスがたまります子どもの方向づけを、「叱《しか》る」「怒《おこ》る」という方法ばかりでしていると、最初は言うことを聞きますが、そのうちに、反発するか、親の顔色を見るようになり、最後は、自分の存在は、親を不機嫌《ふきげん》にさせる、親を不幸にする、自分なんかいないほうが、親はよほど幸せなんだ、と思って、自己肯定感《じここうていかん》が低くなります。

逆に、「ありがとう」「助かったよ」「うれしいよ」という言葉で方向づけをしていくと、時間はかかりますが、自分の存在は、親の役に立つんだ、親を喜ばせることができるんだ、と、自己肯定感《じここうていかん》が育っていく、ということです。

現実には、なかなか難しいですが、ぜひ、試してみてください。

●「ありがとう」「助かったよ」「うれしいよ」が大切

♣親も自分をほめましょう

親が子どものことをほめられない大きな理由の一つとして、親自身が自分のことをほめられない、ということがあります。

（もちろん、それは親のせいではなく、親がちゃんと自分の親からほめてもらえなかったところに大きな理由があるのですが……）

親が自分自身を責めてばかりいるのに、子どものことだけほめる、ということは難しいでしょう。自分は、自己否定で苦しんでいるのに、子どもだけは、「ぼくはなんて素晴《すば》らしい子なんでしょう！」なんて言っていたら、なんかムカついて、引きずり下ろしたくなりますね。

ですから、子どもを気持ちよくほめられるようになるためには、まず親御《おやご》さんが、自分のことをほめられるようになることが、何より大切なのです。

「そんなの難しいですー（涙）」というリアクションが返ってきそうですが、大丈夫《だいじょうぶ》です。これは練習です。練習したらできるようになります。

では、具体的にどうするか、ということですが、それは、「子どもをほめる方法」で書いたことを自分自身にもやってみる、ということです。

(1) できないところでなく、できているところに注目する

掃除《そうじ》もできてない、ご飯も適当にしか作れない、子どもを叱《しか》ってばかりいる、ということで、ついつい自分のできてないところ、ダメなところに目がいきますが、しかし決してダメなところばかりではないはずです。

とりあえずご飯は作っているし、洗濯《せんたく》もしている。子どもの世話もそれなりにしている。他にもいろいろと、子どものためにやっていることがあるはずです。

「いや、そんなの当たり前だよ」と言うかもしれませんが、決して当たり前とは思いません。そんなたいへんなことを日々やっているのです。

それなら、そういう自分をもっとほめていいのではないでしょうか。

(2) 比較するなら、以前の自分と

私たちは、つい、他人と自分を比較《ひかく》してしまいます。

「あのお母さんは、あんなに上手《じょうず》に子育てしているのに、私なんて、怒《おこ》ってばかり」とか。

しかし、その親御《おやご》さんも、人前ではそのように冷静に対応しているかもしれませんが、家に帰れば、やっぱり鬼《おに》みたいに怒《おこ》っているかもしれません。

ですから、人と比較《ひかく》するのは意味がないのです。

もし比較《ひかく》するなら、以前の自分と。まだまだ親として至らぬところはあるけれど、以前の自分に比べたら、少しは親らしくなった、親として少しは成長した部分もある。それをちゃんと認めましょう、ということです。

そういうふうにして、親が少しずつでも自分のことをほめられるようになれば、きっと子どものことも、少しはおおらかに見守れるようになるのではないかと思います。

10章

子どもを注意するときに大切な6つのこと

ほめることが大事だといっても、どうしても叱《しか》らなければならないこともあります。では叱《しか》るときには、どういうことが大切でしょうか。

1 叱るときは、子どもを止めて、目を見て、短い言葉で

子どもを叱《しか》るときは、まず、何を叱《しか》っているのか、子どもにちゃんと伝わる必要があります。そのためには、子どもを止めて、子どもと同じ高さに目を合わせて、じっと見つめて、平静に短い言葉で、注意することが大切です。

例えば、子どもが、ご飯のとき、スプーンやフォークをくわえたまま、立ち歩いたり、ふざけたりして危ないとします。

まず大切なのは、子どもを止めることです。走り回ってキャアキャア言っているときに、離《はな》れた所で叫《さけ》んでも、子どもは聞いていません。子どものそばまで行き、体を抱《だ》き止《と》めて、そこで目を見て伝えることが大事です。

①子どもを止める
②目を合わせる
③一言で

また、感情的にワーッと言ってしまうと、子どもは結局、何を叱《しか》られたのか、どうすればいいのかわかりません。叱《しか》られて、怖《こわ》い思いはしても、「何がいけなかったのか」は、子どもには意外と伝わっていないことが多いのです。

ですから、できるだけ平静な声で（といっても、なかなか平静ではいられませんが……）、簡潔に、「危ないから、座って食べなさい」と、きちっと伝えるのです。

✕ 離れた所から感情的に叫ぶ

◯子どもを止めて、目を見て平静な声で伝える

2 人格ではなく行為を叱る

大切なことは、人間ではなく、行為《こうい》を注意すること。いけないのは、存在自体ではなく、行為《こうい》だからです。

✕「おまえはなんてダメなんだ」と人格を否定する

◎「〜するのはよくない」と行為を叱る

どけ
どんっ
押《お》すのはよくないよ
ちゃんとお口で言おうね
こんなに散らかってる！
散らかしっぱなしじゃ気持ち悪いね。一緒《いっしょ》に片づけよう

3 いけない理由をちゃんと伝える

どうしていけないのか、その理由をちゃんと伝える。子どもであっても、わかる言葉で理由を言えば、わかることもありますし、納得《なっとく》すれば、そのあとするようになるかもしれません。

「子どもなんだからわからない」と思わずに、ちゃんと理由を伝えていくのです。

そもそもルールとは、何のためにあるかというと、相手への思いやりです。

ただ「こんなことしちゃダメ！」と叱《しか》るより、「相手がこのように困るから、これはしてはいけないんだよ」と伝えることで、思いやりから、ルールを守れる子どもに育っていくのではないでしょうか。

✕ ただ頭ごなしに禁止するよりも……

○どうしていけないのか、理由を説明する

4 「ダメ」と言うより、「してほしいこと」を伝える

私たちは、つい「ダメ！」と言う割りには、「ではどうすればいいのか」を伝えていません。そうすると、子どもも、今後どうすればいいのかわからなくなります。

むしろ、場合によっては、「してはダメ！」と言うよりは、「してほしいこと」を伝えることが有効な場合があります。

４、５歳になったら、どうすればいいかを伝える前に、「どうすれば忘れ物をしないかな？」と、一緒《いっしょ》に考えるようにすると、さらによいかもしれません。

人から言われたことより、自分で考えて出した答えのほうが身につきやすいからです。

×〜してはダメ

○〜してね

走っちゃダメ!!

ストップ!!
歩こうね

立ったらダメでしょ!!

座りましょう

散らかしちゃ
ダメ!!

一緒《いっしょ》に
片づけよう

うるさくしたら
ダメだよ

ボリューム2で
話してね

そんなことしちゃ
ダメでしょ!!

「通して」って
声をかけようね

5 「あなた」メッセージではなく、「わたし」メッセージで

また、相手に、こうしてほしい、これはやめてほしい、ということを伝えるときに、「あなたは、○○だ」と言うのでなく、「私は、○○だ」と、私の気持ちを相手に伝えるほうが、より相手の心に響《ひび》くといわれます。

相手のよい行いに対して、私はうれしい、助かった、安心した、ありがとう、という言葉をかけていく。

相手のよくない行いに対して、私は悲しい、困った、心配だ、残念だ、という言葉をかけていく、ということです。

子どもは、誰《だれ》よりも、親を悲しませたくない、親に喜んでほしいと思っています。

「おまえは、なんてダメなやつなんだ」と言われて、逆ギレして、少しも反省できなかった子どもでも、「お母さんは悲しい」と一言言われることで、自分の行動を少しずつ振《ふ》り返《かえ》り、改めていくことがあります。

⊗「あなたは○○だ」と決めつける

おみそ汁《しる》食べたくなーい
ごちそうさま
あら、一口も食べてない
好《す》き嫌《きら》いなく全部食べないとダメよ
ほんとにあんたはわがままな子だね
ムカッ
あら、どこ行っちゃったのかしら？
キョロ
キョロ
一人でフラフラしたら皆《みな》迷《めい》惑《わく》するでしょ!!
本当に自分勝手なんだから!!
フンだ！

◎「わたし」メッセージで気持ちを伝える

6 この一言を添えると、注意を受け入れやすくなります

注意するときは、それだけに終わらず、相手を認める言葉も添《そ》えましょう。

「気持ちはわかるよ」「確かにそうだね」などです。

そうすると、「この人は自分のことをわかってくれている」「自分のことを考えて言ってくれているんだ」と思えて、受け入れやすくなります。

「気持ち」と「行動」を区別して、「気持ち」は認めるけれど、「行動」はよくないと注意する、とも言《い》い換《か》えられます。

✕「行動」も「気持ち」も認めない

○「気持ち」を認めると、受け入れやすくなる

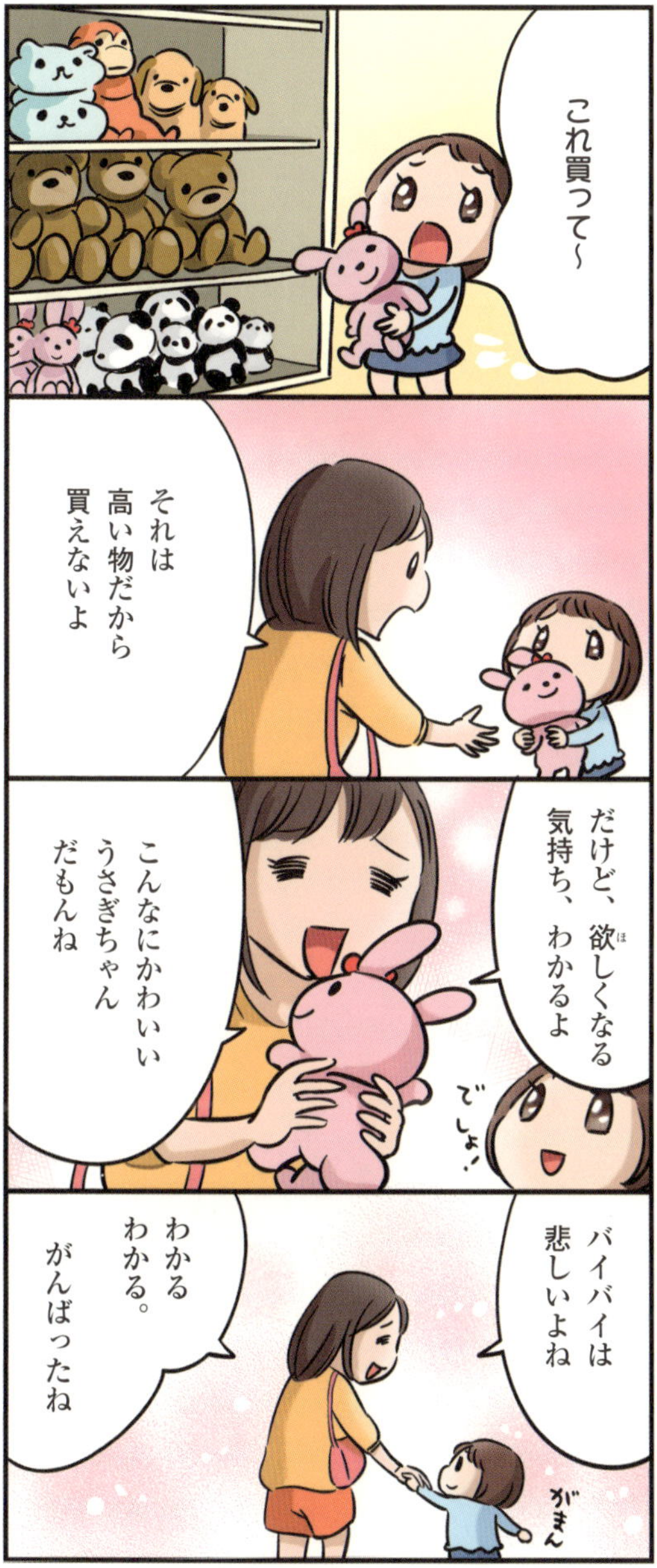

11章

子どもは、言っても言っても同じ失敗をするものです

私たちは、注意は1回だけで済んでほしいと思います。何度も何度も同じ注意をするのは、いいかげん嫌《いや》になってきます。

しかし、子どもは、言っても言っても同じ失敗をするものです。ですから、何度も何度も同じことを繰《く》り返《かえ》し言うしかないのです。親の言い方が悪いのでもなく、子どもが特別悪い子なのでもなく、子どもというのは、元来そういうものなのです。

1回言ったらわかるでしょう、というのは大人の話です（大人でもなかなか1回の注意で自分の行動を改めるのは難しいです）。

それを子どもに、1回の注意で聞かせようとすると、相当子どもの心にショックを与《あた》えなければならなくなります。本当に危険なことならいざ知らず、日常のことまで1回で聞かせようと思うと、ついつい声も大きくなりますし、手も出てしまいます。そういうことがたびたびあると、子どもは、自らルールを守ろうとするよりも、常に大人の顔色を見て行動するようになり、心にかなり深いダメージを受けていることもあります。

ですから、子どもというのは、同じことを繰《く》り返《かえ》し言わないといけないものなのだ、そうするうちに少しずつ身についていく、ということです。考えてみれば私たちもそうやって同じことを注意されるうちに、少しずつできるようになってきたのではないでしょうか。

×1回の注意で聞かせようとショックを与えると……

○同じことを繰り返し言っていく

12章

それは本当に叱るべきこと？子どもの成長を待ち、焦らずに伝えていきましょう

私たちは意外と子どもを叱《しか》らなくていいこと、叱《しか》ってもしかたがないことで叱《しか》っていることが多いです
どんなことがあるか見ていきましょう
1つには、まだ、わかる年齢《ねんれい》になっていない、ということがあります
ゴミはゴミ箱へ。遊んだら片づける
子どもにルールを教えたといっても、すぐにできるようになるわけではありません
ルールをちゃんと守れるようになるには、時間がかかります
無視
それを、2回か3回言ったらわかるだろうと思ってしまうと、どうしてもイライラして叱《しか》りたくなってしまいます

言っても言っても
できないときは
コラ――！
一緒《いっしょ》に
お片づけ
するぞー
今はまだできないんだ
まだ
わからないんだ
へん
しん！
と、いったんあきらめて
子どもの成長を待つ、
ということが
時には必要です

もう1つは、親にとっては困ることだが人に迷惑《めいわく》をかけるほどではないこと
ぐずぐずしないで!!
つんつん
早く早く!!
もー何やってんの
ばしゃっ
もー!! 片づけなさいって言ってるでしょ!!
今、ヒーローだから無理!
とうっ!
これらは、確かに困ったことですが、子どもの心の成長にとっては、決して悪いことばかりではありません

子どもとは、元来、「自己中心的」で、「失敗ばかり」して、「言うことを聞かない」ものです
キャー 足をふいてー!!
それでこそ普通《ふつう》の子ども
別に育て方が悪くてそうなっているのではないし、子どもには子どもなりの理由があってやっているのです
自己中心的というのは、「自分を大切にする」ことです。子どもは、他人を大切にする前に、自分を大切にすることを学ばなければなりません
かーしーて
ダメ!!
その行動が、子どもの場合、自己中心的に見えるのです

失敗も、それによって学ぶ機会を得ているという意味では
あっ
あーあ
気をつけて
決して悪いことではありませんし
言うことを聞かないのも
おフロに入るよ
ヤダ
自我が芽生え、自己主張が出てきているということでいえば、順調に心が成長している証拠《しょうこ》です

困った行動も、
見方を変えると、
子どもの成長過程です
わーっ
探求心
集中力
経験値
アップ
じょばー
もちろん、注意してよくなる
のなら親も助かりますが、
現実は、注意してもなかなか
変わりませんし
おフロ
片づけ!!
逆に何でもかんでも
叱《しか》っていると、
親のほうが疲《つか》れてきます

そんなときは
子どもというのは
こういうもの
今はわからなくても、
そのうちできるように
なるだろう
と考えて、一度注意したら
あとはちょっと放っておく、
というのも、あっていいの
ではないかと思います
ですから、大声を出して
感情をむき出しにしてでも
叱《しか》らなければならないことは
自分を傷つけること
他人を傷つけること
キキ
石はやめて!
この2つしかないと思います
それ以外のことは
子どもの発達段階と
親の心のゆとりを
考えながら
なかなかじっとできないな
今はまだこんなものなんだな
少しずつ伝えて
いけばいいのでは
ないかと思います

13章

比較的叱っていいタイプの子、叱るのに注意が必要な子

子どもが、本当に、してはいけないことをしたときには、きちんと叱《しか》らなければなりません。しかし、叱《しか》るときに、よくよく知っておかなければならないことがあります。

「叱《しか》っていいタイプの子」と、「叱《しか》るのに注意しなければならない子」があるのです。

比較的叱っていいタイプ

・情緒安定タイプ
・おおらかタイプ

叱るのに注意が必要なタイプ

・敏感な子
・意地っ張りタイプ

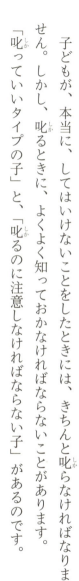

♣比較的、叱ってもかまわない子

(1) わりと自分に自信があって、何事に対しても前向きで積極的な、情緒的に安定した子

情緒的《じょうちょてき》に安定した子は、少々叱《しか》っても、前向きに受け止めて、自分のために叱《しか》ってくれたんだなと思います。

こういう子は叱《しか》ると、逆にシャキッとすることもあります。

(2) のんびりした子。おおらかな、物事にこだわらないタイプの子

のんびりした子は、怒《おこ》ってもあまりこたえません。怒《おこ》っても怒《おこ》っても、右の耳から左の耳で、へらへらしています。そのうちに、怒《おこ》っているほうがあほらしくなってきて、最後になると、一緒《いっしょ》に笑ってしまうという得なタイプです。

♣叱るのに注意が必要な子

(1) 繊細で敏感な子

ちょっと注意しただけで、すぐ萎縮《いしゅく》してしまって二度と同じことができないという、繊細《せんさい》で敏感《びんかん》な子。

そういう子はあまり叱《しか》らないほうがいいです。

(2) 意地っ張りで頑固で、「どーせ」とか言う、いわゆるカワイくない子

言っても言っても全然素直《すなお》じゃないし、反発してくるタイプです。

こういう子は、本当はとてもナイーブで、けっこう傷ついています。

しかし、それをうまく表現できなくて、意地を張るとか突《つ》っ張《ば》るという形でしか出せないのです。

だから、本当は、人の2倍・3倍傷ついているのです。

ところが、こちらは、叱《しか》っても全然こたえないし、プライドが高すぎるから、そのプライドをたたき壊《こわ》さないといけないと思って、人の2倍・3倍叱《しか》りたくなってきます。

すでにこの子は人の2倍・3倍傷ついているのに、そのうえに、2倍・3倍叱《しか》るとなると、4倍・9倍傷つくことになります。

いろんな問題行動とか、心身症《しんしんしょう》とか、後に非行に走ったりする子を見ていると、だいたい、こういう子が多いのです。

こういう子は叱《しか》るのではなく、まず、事情を聞くことが大切です。そして「わかったよ」とまず気持ちを認める。そのうえで、「だけど、こういうことをしたらいけないだろ」と諭《さと》すように言うと、わりと入ります。

●事情を聞く

実際は、見るからにカワイくないので、ついつい叱《しか》りすぎてしまい、悪循環《あくじゅんかん》になる場合が多いのです。

● 悪循環

たいへんですね
一息どうぞ
コト

14章

きょうだいの子育て
～個性に応じた関わり方

「3人の子どもがいますが、きょうだいでも、それぞれまったく性格が違《ちが》います」という話をよく聞きます。

いちがいにはいえませんが、一つのパターンとすると、こういう場合があります。

いちばん上……親も最初の子育てで力が入ります。

そのため、比較的《ひかくてき》親の言うことを聞く、いい子が多いです。

真ん中……親もアバウトになっています。

そのため、比較的《ひかくてき》のびのびと自由に育ちます。

いちばん下……親だけでなくお兄ちゃんやお姉ちゃんも手をかけています。

甘《あま》え上手《じょうず》な子が多いです。

それぞれ具体的にどう関わればいいのか、次から紹介《しょうかい》していきたいと思います。

長男・長女

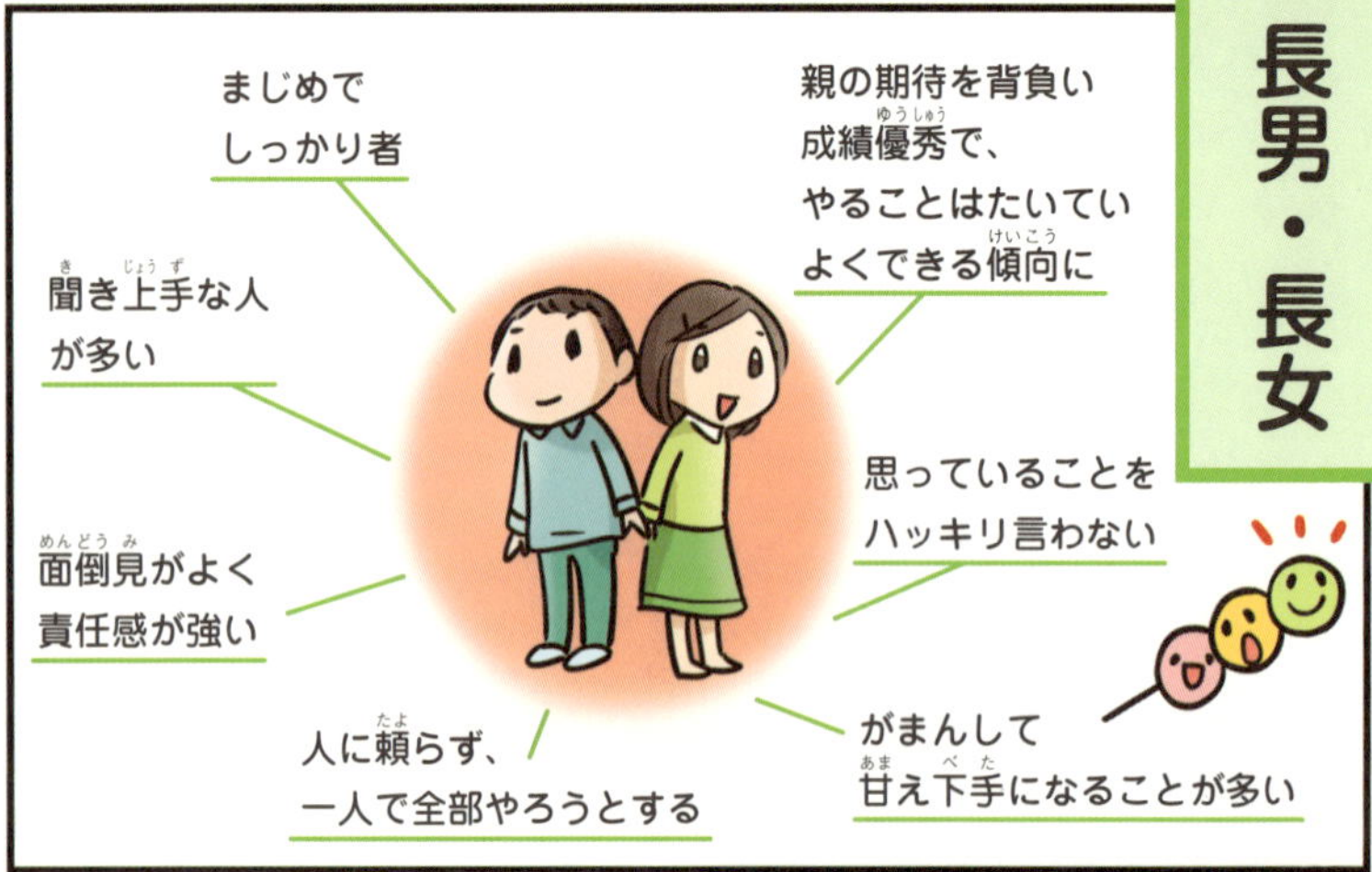
まじめで
しっかり者
親の期待を背負い
成績優秀《ゆうしゅう》で、
やることはたいてい
よくできる傾向《けいこう》に
聞《き》き上手《じょうず》な人
が多い
思っていることを
ハッキリ言わない
面倒見《めんどうみ》がよく
責任感が強い
人に頼《たよ》らず、
一人で全部やろうとする
がまんして
甘《あま》え下手《べた》になることが多い

長男長女あるある
今まで両親の期待と愛情を一身に受けていたところに、ある日突然《とつぜん》下の子が登場し、全てを奪《うば》われる
ガーーン
以来、言いたいことを遠慮《えんりょ》するようになり、なかなか甘《あま》えられない性格に
お母さん忙《いそが》しそう
私はがまんしなきゃ
素直《すなお》に甘《あま》える弟・妹を見て、複雑な思いを抱《かか》えている
私だって泣きたいのに
ズルイ
しょうがないわね
うわ〜ん
こうしてツンデレ性格の基礎《きそ》が作られていくこともある
妹ばっかり……
ラブ
ラブ
じー
お姉ちゃーん
ビシッ
やめて!!

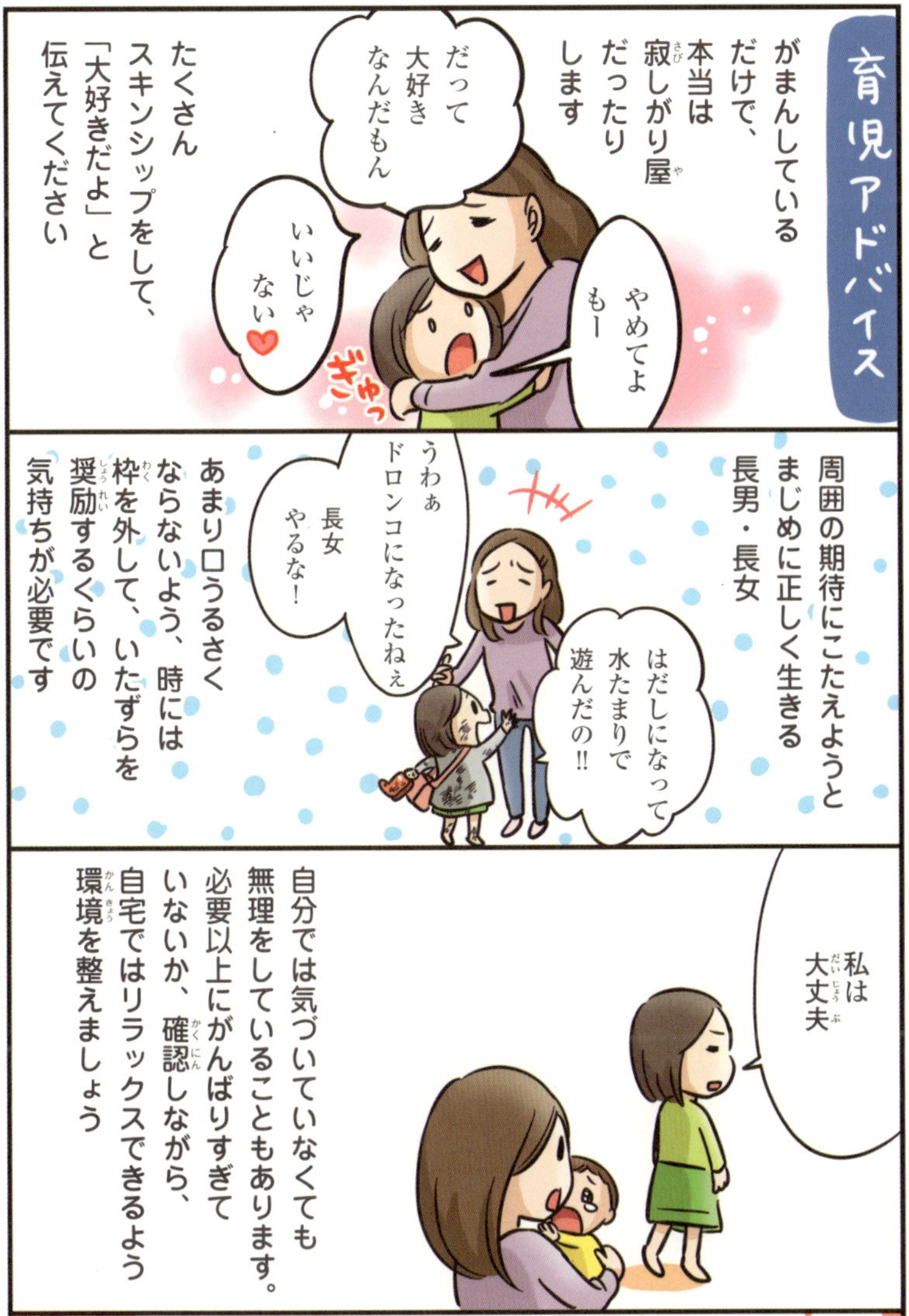

一番ポイント

たくさん甘えさせて
「大好きだよ」の気持ちを伝えてください

真ん中っ子

マイペースな
自由人
無駄《むだ》な争いはしない
平和主義
いつも冷静に
じっと空気を
読んでいる
真ん中は、
親の監視《かんし》から
逃《のが》れられる位置で、
わりとのびのびと
している
自由奔放《じゆうほんぽう》
独立心が強い
意外と寂《さび》しがり屋《や》
周囲に流されず
しっかり自分の
意見を持っている
真ん中っ子あるある
このままずっとお母さんを独占《どくせん》していられるかと思っていたら……
取られた……
（長子）
（真ん中っ子）
下の子誕生で、あっけなく母のひざを明《あ》け渡《わた》すことに
……
その頃《ころ》長子はお父さんと仲良くなっており
一人立ちすることになる
外の世界へレッツゴー！
そのためきょうだいの中でもしっかり自立した考えを持っているのが真ん中っ子
上はあんなに意地を張るからダメなんだよなー
上見て学び下見て学び
下はすぐ甘《あま》えるからダメなんだよなー
しかし、どうすれば自分が注目を浴びるかいつも考えているため
目立たなきゃ……
変顔
少し変わったこともしてしまう

一番ポイント

親は上と下に目が行きがち
真ん中っ子には、わかりやすい愛情表現で伝えて

末っ子

天真らんまんなお調子もの
人から好かれる性格で友達《ともだち》が多い
上を見て学んでいるのでバツグンに要領がいい
泣き虫で甘《あま》えんぼう
困っていても誰《だれ》かが助けてくれると思っており、実際そのとおりになる
喜怒哀楽《きどあいらく》がすぐ顔に出る
末っ子あるある
きょうだいの中でいちばん写真が少ない（ビデオも少ない）
（姉）
（妹）
要領がいいので上からのやっかみを買う
だってそっちが悪いんじゃん！
そうやってすぐ甘えるんじゃないよ！
イライライライライラ
ママーママー
お姉ちゃんがぶったよー ひどいよー痛いよー
あらあら
普段《ふだん》は一家のアイドルとして皆《みな》にかわいがられるが
手伝ってくれる
ハーイ
お茶ちょうだい
ハーイ
ハーイ
ハサミ持ってきて
その一方、こき使われることも多く家族のために忠実に働く
弟か妹が欲《ほ》しいと切に願っている

一番ポイント

やりたいことはどんどん挑戦させて
失敗しても何も言わないようにしましょう

ひとりっ子

パパ・ママを
とても大切に思っている
競争心が少なく
気前がいい
ケンカが嫌《きら》い
（めったに怒《おこ》らない
が怒《おこ》らせたら大変）
おだやかで
おっとりしている
人が多い
一人の時間を
必要とする
金銭感覚が大ざっぱ
大人との
コミュニケーションが上手《じょうず》
ひとりっ子あるある！
競争する必要がないので
いつもマイペース
イチゴは最後♪
好きな物も
自分のタイミングで食べます
おままごとでは
1人3役、4役当たり前
ただいまー
おかえりなさーい
えーん
えーん
あら子ども
どうしたの？
ご飯よー
一人遊びが上手《じょうず》です
親から叱《しか》られると
独《ひと》りぼっちになるので
疲れた〜
ビクッ
親の機嫌《きげん》には
敏感《びんかん》
ぬいぐるみは、自分のことを
わかってくれる本当のお友達《ともだち》
ミルクちゃん
あなただけ
だよ……
つい独《ひと》り言《ごと》が
多くなっちゃいます

育児アドバイス
小さい頃《ころ》は一人で遊ぶことが多くなりがちですが小学生くらいになると、自然に友達《ともだち》が増えていきます
「ひとりっ子でかわいそう」という心配は何もいりません
同年齢《どうねんれい》の子どもたちと遊ぶ、けんかをする、自己主張をする、という経験は貴重です
おまえどけっ
ドンッ
これも学びのチャンス！
……
子どものトラブルに親が出しゃばらないよう気をつけて！
どうしてもいろいろなことに目が行き届いてしまうひとりっ子
先回りして何でもやろうとせず、いい距離感《きょりかん》を保つのが、お互《たが》い楽に過ごせる秘訣《ひけつ》かもしれませんね
一番ポイント
結びつきが深い親子です
いい距離感を保つのが大切

15
章

ひとりっ子は、何か問題があるのでしょうか

以前よりは少なくなったと思いますが、今でも、ひとりっ子を何かマイナスのように言う人があります。

例えば、「ひとりっ子は、寂《さび》しい」と言う人があります。しかし、きょうだいができて、逆に寂《さび》しい思いをする子どももたくさんあります。

「ひとりっ子は、わがままだ」というのもあります。

しかし、わがまま、というのは、子どもにとって、決してマイナスばかりではありません。

むしろ、子ども時代は、まず自己主張をきちんとできることが大切です。

両親の愛情を一身に受けて、心がしっかり成長したから、しっかり自己主張ができるようになった、ともいえます。

「ひとりっ子は、協調性がない」という意見もあります。

ひとりっ子は寂しい？
全然!!
お母さんを独《ひと》り占《じ》めできるもん！

ひとりっ子はわがまま？
私のお人形よ！
自己主張できるのは、親の愛情を一身に受けて心が成長した証拠《しょうこ》確かに、きょうだいの中で、もまれながら、人との関わりを学ぶということはないかもしれません。

しかし、子どもは、家庭の中だけで育つものではなく、幼稚園《ようちえん》保育園や学校など、さまざまなところで、子ども同士関わりながら大きくなっていきます。そんな中で、協調性を学ぶ機会は、いくらでもあるのです。

要するに、子どもが、健全に成長するかどうかは、甘《あま》やかしすぎたり、厳しすぎたり、ほったらかしにしたりすることなく、子どもの気持ちをよく聞き、その人格を認めた関わりをしていくかどうかであって、ひとりっ子であるかどうかは、関係ない、ということです。

むしろ、子どものそれぞれの個性を、「ひとりっ子だからわがまま」など、ひとりっ子だからという理由で、否定的に見ることこそが、いちばんの問題ではないかと思います。

ひとりっ子は協調性がない？

協調性を学ぶ機会はいくらでもあります

また、同じように、「ひとりっ子で過保護に育てたから」というような、ひとりっ子というだけで、根拠《こんきょ》もなしに、親の育て方を批判するようなことも、決してあってはならないことだと思います。

ひとりっ子も、きょうだいのいる子と同じように、素敵《すてき》なところをたくさん持っています。それを、みんなで認め、互《たが》いに伸《の》ばしていく、そういう世の中でありたいと思います。

みんなの【子育てあるある!】

読者の皆さんからの投稿のページです

子どもが病気になると家族も無傷では済みません
気持ちワルイ
吐く……
出たぁぁあああ
胃腸炎だぁぁあああ
ああ、もうそんな季節！
それでも被害《ひがい》が最小限で済むように、お母さんは深夜であろうと全力でがんばります
(うつさないようにパパは隣に隔離)
また吐いたし塩素系の洗剤で煮沸消毒……
私もうつらないように……
塩素
うー、体調悪い……でも私が倒《たお》れるわけにはいかない。がんばらなければ
朝——
行ってきます
バタ
バタ
また吐《は》いちゃったねーたいへんだー
ふう……とりあえずいったん落ち着いたかな……
ただいま
病院行ってお薬のんで
よくなった！
しんどくて早退してきたよ
ガタガタ
もうダメだ……死ぬ……
あれだけ気を遣ったのに!!
おなかすいた〜
ほとんど子どもと接してないお父さんのほうがどうして重症《じゅうしょう》なの〜〜〜!!
あおいちゃん 3歳

トイレトレーニングはほぼ終了《しゅうりょう》しているのに、うんちをするときはオムツでしたい娘《むすめ》……
あ、また……トイレでできるのにな
たまたまトイレでうんちが出たとき、小さなお菓子《かし》で祝って盛り上げたら
出たよ〜♪
やったね!!
できたね！やったね！
スーパーに行ったとき
お母しゃん
うんちしてあげるからお菓子《かし》買って
ちびっこランド
だがしコーナー
トイレトレーニング、食べ物で釣《つ》るとこんなことになってしまうのでご用心　さく　3歳

来月お兄ちゃんになる息子《むすこ》
妹ちゃんといっぱい遊ぶの!!
コレあげるんだ!!
妹が生まれてくるのをとても楽しみにしています!!
でもまだまだ目が離《はな》せない暴《あば》れ盛《ざか》りで
ふーどっこいしょ
何っ!?
すぐ出動する!!
遊んでいるつもりが――
おなかにヒット!!
ぐ
ふっ
とぅっ!
ちょっと気をつけてよ!!
――て、ごめんなさいは!?
フン!
も～～!!
ゲホ ガホッ
素直《すなお》に謝《あやま》れません
でもしばらくしたら……
何!?
妹ちゃん妹ちゃんごにょごにょごにょ
ママじゃなくて妹ちゃんにごめんなさいしてるの
ツンデレ
ママには言わないんかーーーい!!
でもいいお兄ちゃんになってくれそうなので許しマス
そうた　4歳

16章

育児の困った①

赤ちゃん返りがたいへんです

下の子が生まれてから、今までできていた着替《きが》えも自分でやろうとせず、「やってやって」と言う。そのうえ、ご飯まで「食べさせて」と甘《あま》えてきたりする。こういう行動を、いわゆる「赤ちゃん返り」といいます。

子どもの心は、依存《いぞん》（甘《あま》え）と自立を繰《く》り返《かえ》して大きくなっていきます。

依存《いぞん》しているとき、子どもは安心感をもらいます。

じゅうぶん安心感をもらうと、しだいに不自由だと感じるようになります。自由になりたい、自分でやりたいと思って、それが意欲となり、自立の世界へ向かいます。

ところが、自立の世界は、自由ではあるけれど同時に不安な世界です。

その不安があまり大きくなると、子どもは依存《いぞん》（甘《あま》え）の世界に戻《もど》ってきます。

そこでじゅうぶん安心感をもらうと、また自由になりたいと意欲が出て、子どもは自立の世界に向かうのです。


自立の反対は、甘《あま》えですから、甘《あま》えさせないことが自立させることだと思われがちですが、そうではありません。

「甘《あま》えた人が、自立する」のです。

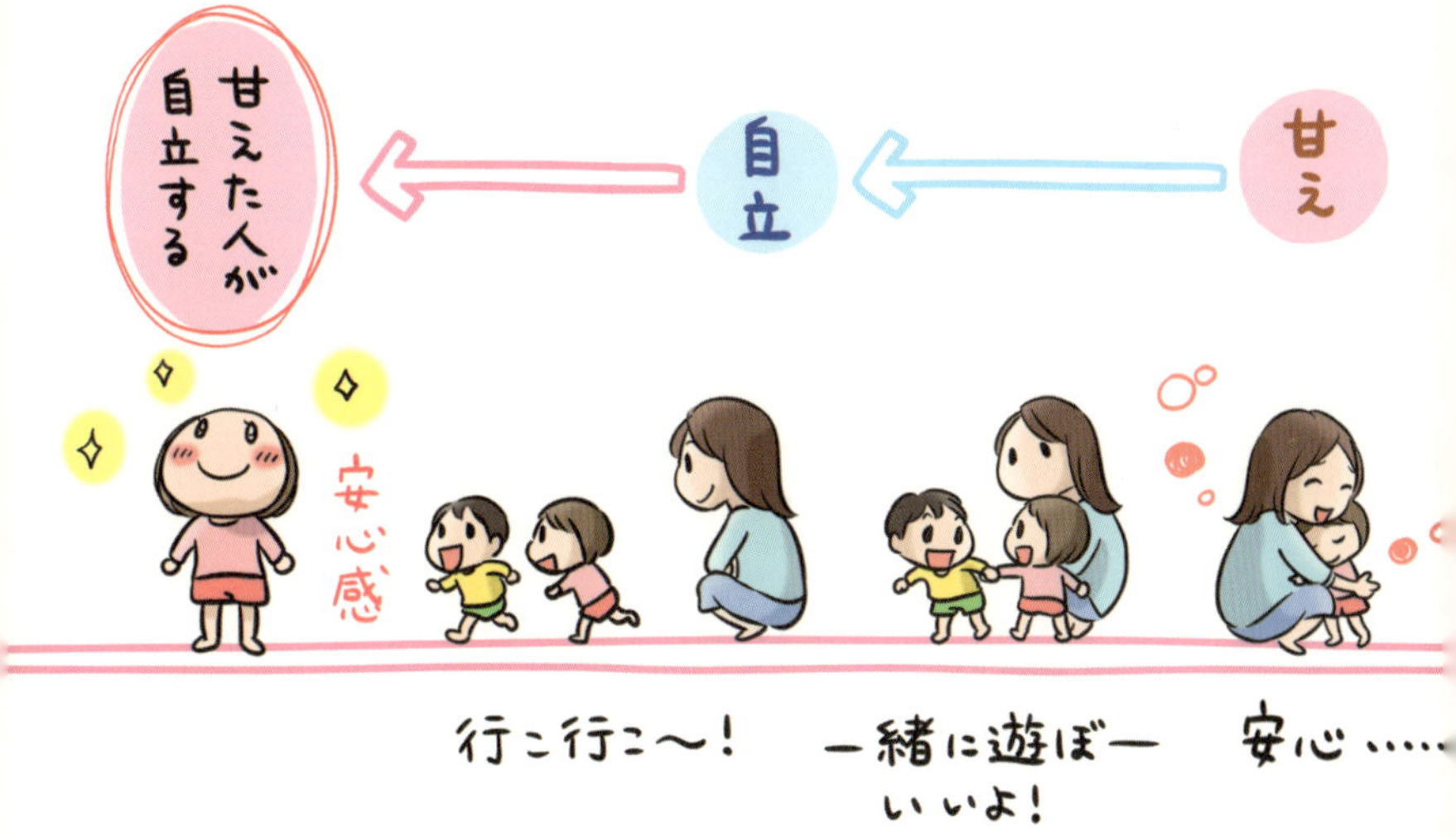

子どもの甘《あま》えを受け止めることは、子どもの自己肯定感《じここうていかん》を育て、周囲に対する信頼感《しんらいかん》を育てるうえで、とても大切なことです。

ところが世間では「甘《あま》え」はよくないと誤解されています。それは、「甘《あま》えさせる」と「甘《あま》やかす」の違《ちが》いを知らないことに多くの原因があります。

「甘えはよくない」という人は「甘えさせる」と「甘やかす」を誤解している？

いつまでも親に
甘ったれていたら
自立できないわよ！

「甘《あま》えさせる」と「甘《あま》やかす」は違《ちが》います。「甘《あま》えさせる」ことは、子どもの心の成長に必要なことだし、大いにしていいですが、「甘《あま》やかす」はしてはいけません。

ではどこが違《ちが》うのかですが、「甘《あま》えさせる」とは、子どもの情緒的《じょうちょてき》な要求にこたえること。抱《だ》っこして、とか、話を聞いて、とか、子どもが泣いたりすることに、しっかり対応していくこと。これは大いにやっていいことですし、いくらやっても、「甘《あま》やかし」にはなりません。

逆に「甘《あま》やかす」とは、子どもの物質的な要求に、言われるがままにこたえること。お菓子《かし》やおもちゃ、お金を子どもの要求のままに与《あた》えることは、「甘《あま》やかす」でよくありません。

ですから、子どもの情緒的《じょうちょてき》な要求にはしっかりこたえて、そのかわり、物質的な要求はきちんと制限することが大切です。

もう1つ、「甘《あま》えさせる」と「甘《あま》やかす」の違《ちが》いは、「甘《あま》えさせる」とは、子どもがどうしてもできないときに、大人が手助けすること、手を貸すこと。これは大切なこと、必要なことです。

逆に、「甘《あま》やかす」とは、子どもが自分でできるのに、大人が手を出してしまう、先回りしてしまうことです。これは「過干渉《かかんしょう》」ともいって、よくありません。

ですから、子どもが自分でできることは、失敗を恐《おそ》れずどんどんさせていく。しかしどうしてもできないことはしっかり手助けすることが大事です。

甘やかす

× 物質的な要求に対し言われるがままに与えること

甘えさせる

◎ 情緒的な要求にこたえること

甘やかす
ちょっと貸してみなさい!!
自分でできるのに
大人が手を出してしまうこと

甘えさせる
いいよ
お花のリボンつけて♡♡♡
子どもができないことを
手助けすること

「赤ちゃん返り」は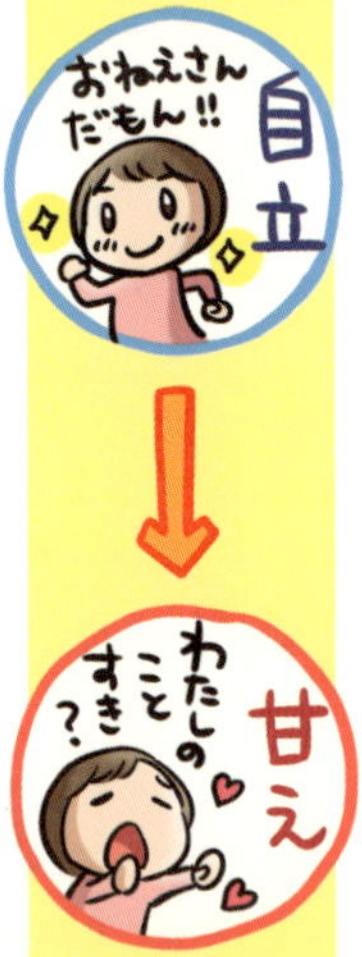に戻ってきた状態

「赤ちゃん返り」は、自立から依存《いぞん》（甘《あま》え）に戻《もど》ってきた状態です。どうして戻《もど》ってきたのかというと、不安なことが起きたからです。下の子が生まれて、親は下の子にかかりきりになっている。今までは親は自分の面倒《めんどう》を見てくれたのに、今はちっとも見てくれない。ということは、親はもう下の子のほうがかわいくなって、自分なんか嫌《きら》われたのではないか、見捨てられたのではないか、という不安が生じているのです。

その不安があるから、それを打ち消そうとして、甘《あま》えてきているのです。着替《きが》えや食事など、自分でできることなのに、大人がやるのは、「甘《あま》やかし」でよくないのではないか、と思うかもしれませんが、ある程度は、子どもの要求にこたえていいと思います。

ここで、徹底《てってい》して突《つ》き放《はな》してしまうと、子どもはもっと不安になって、もっと依存《いぞん》してきます。あるいは、本当に自分は見捨てられたんだと思って、一切、甘《あま》えを出してこなくなります。そのほうがもっと心配な状態です。

逆に、ちゃんと甘《あま》えを受け止めてもらうと、何だ、自分のこともちゃんと見ていてくれるんだ、自分は見捨てられてなかったんだ、と思って、安心します。安心すると、また自分でやろう、という意欲が出てきて、できるようになります。

✕ 甘えを突き放してしまうと、もっと依存してくる

○甘えを受け止めてもらうと安心する

もちろん、下の子の世話もして、そのうえに、また上の子まで！という親御《おやご》さんのイライラもわかりますし、「そのくらいお姉ちゃんなんだからできるでしょ！」と怒《おこ》ってしまうこともあると思います。ただどこかで、上の子も不安になっているんだな、と理解をして、少し余裕《よゆう》のあるときは、そういう赤ちゃん返りにつきあってやってほしいのです。

あるいはもう1つの方法としては、「お姉ちゃん、ちゃんとできてたよね。お母さん、ちゃんと見てるから、もう一度やって見せてよ！」と言ってみる。そしてもしできたら、「さすがお姉ちゃんだね。すごいすごい！」とほめていく。そうすると、やはり自分もちゃんと見ていてもらえるんだ、と安心して、自分でやるようになるかもしれません。

依存《いぞん》と自立のペースは、あくまで子どものペースで。子どもが求めてくることには必ず理由がありますし、それにこたえていくことは、基本的に間違《まちが》ってはいないのです。

17章

育児の困った❷

反抗的で生意気な口をきくように

お風呂《ふろ》に入るよー
テレビはいったんやめましょう
無視
おーい聞こえてるー?
テレビやめてね
もー、全然聞こえてないわ
テレビやめるね。お風呂《ふろ》だよ
パチン
あーっ!!
消したーー!! 今消そうと思ってたところだったのに勝手に消したーー!!
あーあ!! お母さんのせいで!!
あとちょっとで終わるところだったのにもーやめてよ!!
だからお風呂《ふろ》に入るんだからダメだって……
きゃっ
ぱっ
つけてよ!! 早くテレビつけて!!
ダメ!! お風呂《ふろ》だよ
だん
だんっ

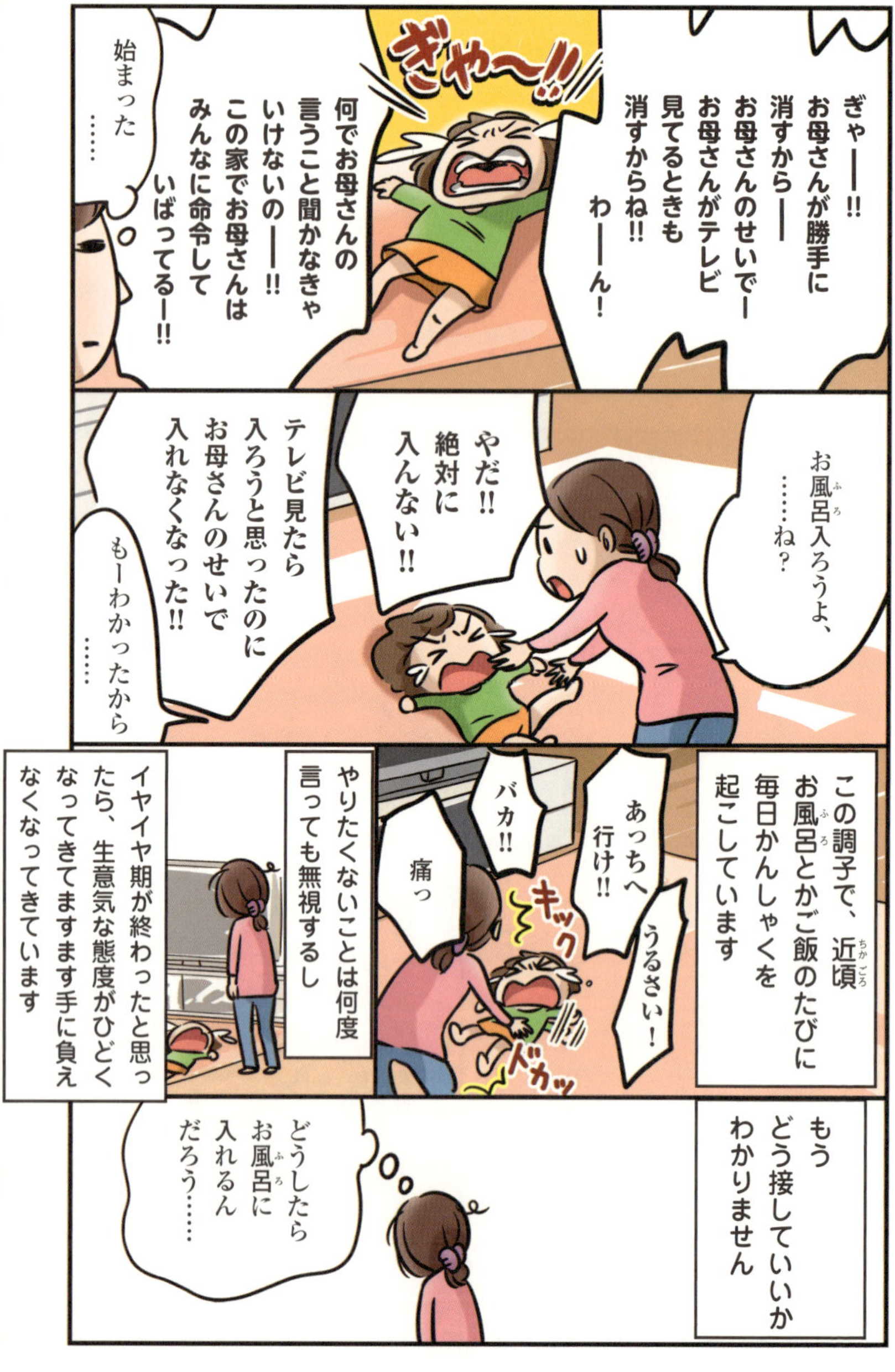
ぎゃーー!! お母さんが勝手に消すからーー お母さんのせいでー お母さんがテレビ見てるときも消すからね!! わーーん!
ぎゃ〜!!
何でお母さんの言うこと聞かなきゃいけないのーー!! この家でお母さんはみんなに命令していばってるー!!
始まった……
お風呂《ふろ》入ろうよ、……ね?
やだ!! 絶対に入んない!!
テレビ見たら入ろうと思ったのにお母さんのせいで入れなくなった!!
もーわかったから……
この調子で、近頃《ちかごろ》お風呂《ふろ》とかご飯のたびに毎日かんしゃくを起こしています
あっちへ行け!!
バカ!!
うるさい!
キック
ドカッ
痛っ
やりたくないことは何度言っても無視するし
イヤイヤ期が終わったと思ったら、生意気な態度がひどくなってきてますます手に負えなくなってきています
もうどう接していいかわかりません
どうしたらお風呂《ふろ》に入れるんだろう……

第一反抗期《だいいちはんこうき》が終わったら、早速《さっそく》、中間反抗期《ちゅうかんはんこうき》が始まっているようですね。

中間反抗期《ちゅうかんはんこうき》の特徴《とくちょう》は、「口答え」。要するに、「ああ言えばこう言う」状態です。通常は、小学校1、2年で出てくるものですが、ませたお子さんは、5歳くらいから始まることもあるようです。

これは、自立心が育って、「自分のことは自分でやりたい」「人に指示、口出しされたくない」という気持ちが強くなって出てきた状態です。基本的には、子どもの心が成長してきたから出てきたもので、通常の発達のプロセスです。

むしろ、5歳でこれだけ出てくるということは、とても自立心が旺盛《おうせい》なお子さんなのだと思います。じゅうぶんな安心感をもらったからこそ、順調に自立が進んでいるので、しっかり子育てされてきた証《あかし》だと思います。

妹も生まれて お姉ちゃんになった！
歯みがきも着替えも トイレも一人で できるようになった!!
自分はもう 何でもできるのに あれこれ命令されるのは
イヤ!!
5歳の反抗期

反抗期は子どもにとって
自立していくための大切なステップ
ゴール
成熟した大人
思春期
反抗期
中間
反抗期
クリア
イヤイヤ期

ただ、それが今は、お子さんの気持ちに比べて、親が口出ししすぎている、ということはあるかもしれません。

こういうときは、やはり、できないと思っても、子どもに任せてみることが得策です。

「今からやろうと思っていたのに」ということは、子どもからすれば、やはり先回りして

口出しされていると感じているのでしょう。「わかったよ。じゃあこれからは自分でやってね」と伝えて、言わないようにする。言わないとやらないと思いますが、それでもしばらくほうっておく。それで大きな失敗をすれば、それで子どもも身にしみて学ぶこともあるでしょう。

人に迷惑《めいわく》をかけることは、言わないわけにはいかないかもしれませんが、自分が痛い思いをするだけならば、一度、そういう経験をするのも大事なことだと思います。そのとき、「何で言ってくれないの！」と文句を言ってきたらそこで、「じゃあ、どういうときに言えばいいかな？」と声をかけて、話し合う。

そういうことの繰《く》り返《かえ》しで、適度な距離《きょり》ができて、親子ともにイライラすることも減ってくるのではないかと思います。

もう1つ考えられるのは、保育園、幼稚園《ようちえん》でのストレスを親にぶつけている場合です。敏感《びんかん》な子は、集団生活の中で、特に気を遣《つか》い、そのストレスを家で親にぶつけてくる場合があります。

親の側が、そんなに口出ししていないのに、反抗《はんこう》がひどい場合は、保育園で何かストレスになっていることがないかと考えて、本人に聞いてみる。

「最近、ちょっとイライラしているみたいだけど、何かあったの？　保育園で嫌《いや》なこととかない？」と聞いてみる。

担任の先生に連絡《れんらく》を取って、園での様子を聞いてみて、もしストレスになっていることがあったら、それを軽減する対策を採ってもらうことも1つの方法です。

園では、しっかり者で、先生からも当てにされて、過重な役割を引き受けていたり、対応が難しいお子さんの世話をしていたり、子どもも、いろいろと大変なことがあるのです。

いずれにせよ、5歳になったといっても、まだまだ子どもです。口は達者でも、できないこともたくさんありますし、不安なこともたくさんあります。

まだまだ甘《あま》えたい、それでも今さら甘《あま》えられない、子どもなりのプライドが邪魔《じゃま》して、よけいにつんけんしているのかもしれません。

時には、ぎゅっと抱《だ》きしめたり、1対1の時間を作ったり、しっかり甘《あま》える時間をとると、少し素直《すなお》になることもあります。

親も、同じレベルでバトルするのでなく（笑）、「どうしてこんなにカリカリしてるのかな」と、一歩引いて考えてみることも必要かもしれませんね。

思いきり抱きしめて安心を与える
はなこもりっぱなお姉ちゃんになってるし
何も心配いらないよ
大好きだよ
あばれちゃってもぎゅってしてもらうと安心……
反抗しても大丈夫なんだ……

18章

育児の困った③

登園時に離れるのがたいへん

新学期。新しい環境《かんきょう》に入るとどんな子どもでも不安になります
子どもによってなじめる早さは違《ちが》います
じっとがまんしてがんばる子
遊ぼーー!!
すぐに順応するおおらかな子
なかなか離《はな》れられない甘《あま》えん坊《ぼう》な子
ママがいい〜
いやだぁぁ
うわあぁん
さあママにバイバイしようねー
べりっ
ぎゃあああああああ
ママたすけて〜
つらい……
性格によって現れ方はさまざまですが、春は誰《だれ》にとってもいつもより多くエネルギーが必要になる時期です
通常用
新学期用

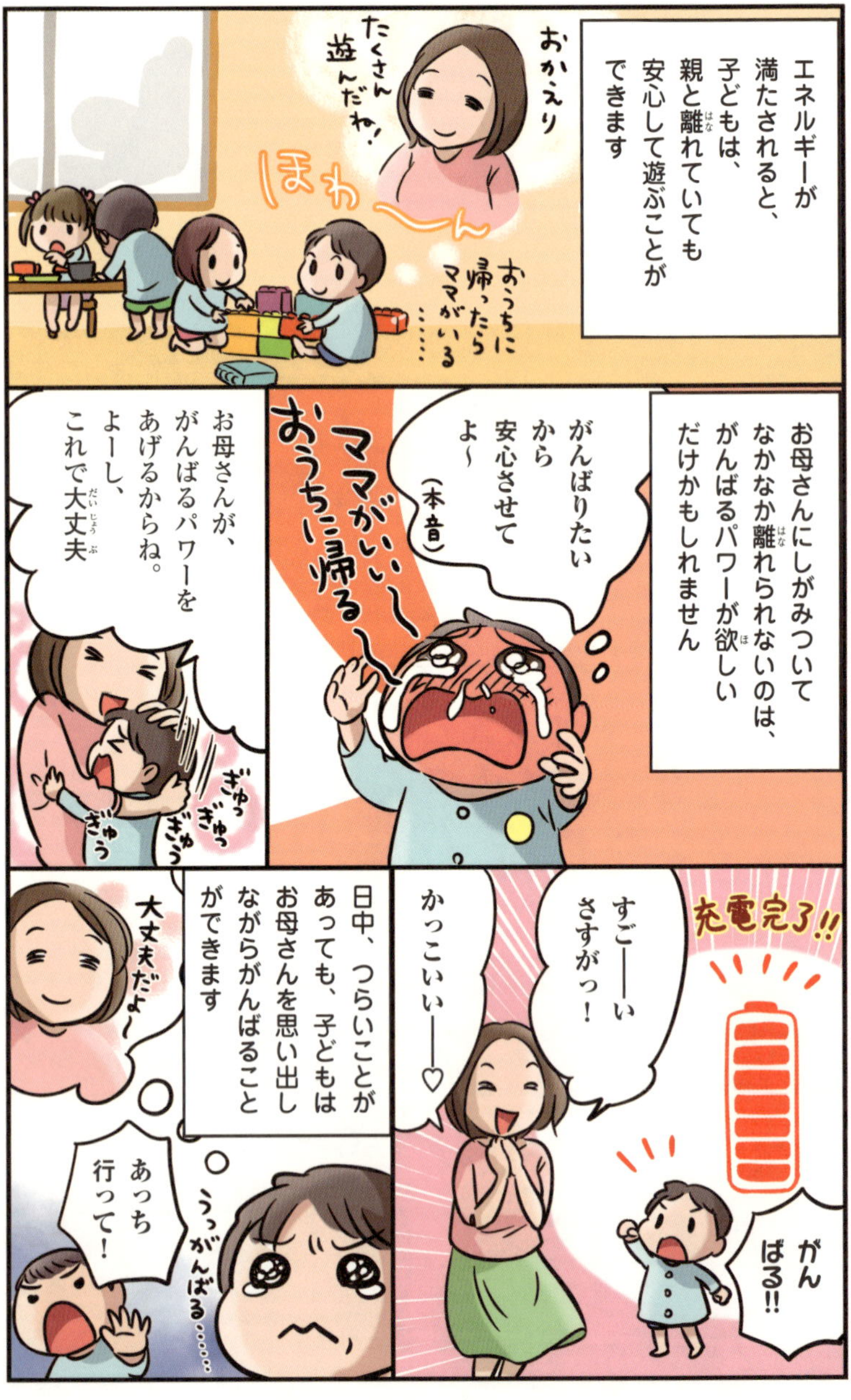
エネルギーが満たされると、子どもは、親と離《はな》れていても安心して遊ぶことができます
おかえり
たくさん遊んだね!
ほわ〜ん
おうちに帰ったらママがいる……
お母さんにしがみついてなかなか離《はな》れられないのは、がんばるパワーが欲《ほ》しいだけかもしれません
がんばりたいから安心させてよ〜
(本音)
ママがいい〜 おうちに帰る〜〜
お母さんが、がんばるパワーをあげるからね。よーし、これで大丈夫《だいじょうぶ》
ぎゅっ ぎゅっ ぎゅう ぎゅう
充電完了!!
すごーーい さすがっ!
かっこいいーー♡
がんばる!!
日中、つらいことがあっても、子どもはお母さんを思い出しながらがんばることができます
大丈夫だよ〜
あっち行って!
うっがんばる……

それでも、中には
5月になっても
6月になっても
なかなかお母さんと
離《はな》れられない子が
あります
これを、
母子分離不安《ぼしぶんりふあん》
といいます
私はそうなる要因として
だいたい2つの場合が
あると思っています
1つは、下の子が生まれたり、きょうだいが病気がちだったりして、親がその子の世話に追われて子どもがじゅうぶんに甘《あま》えることができなかった場合です
お母さん
忙《いそが》しそう
自分で
着替《きが》えてね
わかった
いつも
手伝ってくれるし
助かるわ
一時、手がかからなくなって
自立したように見えますが
じゅうぶんな安心感をもらっていないので、新しい環境《かんきょう》に入ったときに、不安が、どっと出てくることがあります
ピコーン
ピコーン
ムリ〜〜!!
あるいは、下の子が落ち着いて
少し手がかからなくなったときに、
甘《あま》えがひどくなることもあります
今度は自分の番だ〜〜!!

＊HSC＝Highly Sensitive Child

いずれの場合でも不安だからそうなっているので、必要なのは、安心感です
安心が欲《ほ》しいだけなのね……
ぎゅっ
親も仕事があるので、なかなか別《わか》れ際《ぎわ》に時間をかけられない、ということもあると思いますが
うわーーん
遅刻《ちこく》しちゃう!!
しょうがない!!
そういう場合はせめて保育園から帰ったときに一日がんばったことを、じゅうぶんほめて、少しでも甘《あま》える時間を取ってやってほしいと思います
がんばったね!!
うん!
そうするうちに子ども自身も、親から離《はな》れてがんばりたい、という気持ちは必ず持っていますから、徐々《じょじょ》に離《はな》れられるようになると思います
疲れたらあそこに戻ればいいんだから
よーし! 行ってくるぞ〜!!

19章

育児の困った④

片づけができない

しつけの中でも、片づけをどうやって習慣づけるかは、どんな親御《おやご》さんも悩《なや》んでいることだと思います。なかなか難しいし、時間がかかるのですが、その「お片づけ」について、基本的なことを書きたいと思います。

まず、小さい子どもは、片づけの必要性もわからないし、片づいて気持ちがいい、という気持ちも育っていません。ですから、ただ「片づけなさい！」とどなっていても、あまり効果はないのです。「片づけると気持ちいい」という感覚を育てながら、少しずつ習慣づけていくことが大切です。

そのための第一歩は、環境《かんきょう》を整えることです。

1 いつも使うおもちゃを減らす

まず、おもちゃを減らすことから始めます。今の家は、往々にしておもちゃが多すぎます。でも、子どもは、おもちゃ箱をいちいち全部引《ひ》っ繰《く》り返《かえ》して出さないと気が済みません。ですから、子どもと相談して、よく使うお

1 おもちゃを減らす
とりあえず
使わない
おもちゃを
まとめる

もちゃをおもちゃ箱に入れ、あまり使わないおもちゃは、段ボール箱などにまとめて押《お》し入《い》れの奥《おく》にしまいます。

まずは、おもちゃの数を減らすことが大切です（といっても、遊びにはある程度の豊かさも必要なので、片づけを意識するあまり、制限しすぎるのも考えものですが）。

2 子どもが片づけられる箱を用意

次に、子どもが片づけやすいおもちゃ箱を用意します。あまり細かいと難しくなるので、大まかに分別できる程度のおもちゃ箱や引き出し、戸《と》棚《だな》などでかまいません。

3 おもちゃを広げる範囲を決める

「子どもは散らかすもの」とわかってはいても、どうし

てもイライラする場合は、おもちゃを広げてもいい場所を決めます。自分の部屋《へや》なら部屋《へや》。それ以外には広げないように約束します。

4 お片づけの時間を設定

しっかり片づけるのは、1日1回が限度でしょうから、夕ご飯前に片づける、という約束でもいいと思います。

5 一緒にやる

ぬいぐるみはここ、絵本はここ、ゲームはここ、というふうに、まずは親が要領を示しながらやっていきます。

そのうち、子どもが関心を示してきたら、子どもにも役割を与《あた》えて、「じゃあ、○○ちゃんは、ぬいぐるみを

片づけてね」と伝える。そして、やってくれたら、「ありがとう」と言います。

片づいたら、一緒《いっしょ》に部屋《へや》を眺《なが》めて、「きれいになったね」「きれいだと気持ちがいいね」と、一緒《いっしょ》に気持ちよさを味わいましょう。

そういうことを繰《く》り返《かえ》しながら、少しずつ子どもの役割を増やしていくことが大切です。

ぬいぐるみはここ
おままごとはここ
りこちゃんも手伝うー♪
おっ
助かるな。じゃありこは絵本係になってくれる？
えほん♪
えほん♪
ありがとう
やっぱりきれいになると気持ちがいいなぁ
うん！
親がまずやってみせて、少しずつ子どもに役割を与《あた》えて、ほめる、ということが大切です

20章

育児の困った⑤

きょうだいげんかがひどい

仲良く遊んでほしいのに、毎日のように、きょうだいげんかが繰《く》り広《ひろ》げられる、というご家庭は多いと思います。何かよい仲裁方法はないでしょうか、という質問にお答えしたいと思います。

基本的には、きょうだいげんかには、親は立ち入らない。子どもは、けんかにも、親は立ち入らない。これが原則です。子どもは、けんかによって人間関係を学んでいきます。

まず1つめは、ケンカになるということは、お互《たが》いに自己主張をしているからケンカになるのです。ここで自己主張の練習をしています。

2つめに、ケンカになるということは、自分の主張と違《ちが》う立場の意見があるからケンカになるのです。自分と違《ちが》う立場、気持ちがあることを学んでいます。こういうことをしたら、相手はどう思うのか。何が相手を怒《おこ》らせるのか。けんかは、子どもが相手の気持ちを学ぶ貴重な機会の1つです。

3つめに、たとえけんかをしていても、次の日にはお互《たが》いケロッとして、一緒《いっしょ》に遊んでいます。いったんケンカをしても、また仲直りができることを学んでいます。

そういう意味で、ケンカはよくない、と大人はいいますが、ケンカによって、子どもは対人関係を学んでいるのです。

自己主張の練習

けんかしたあとの悔しさ

けんかのやり方

反省

後味悪さ

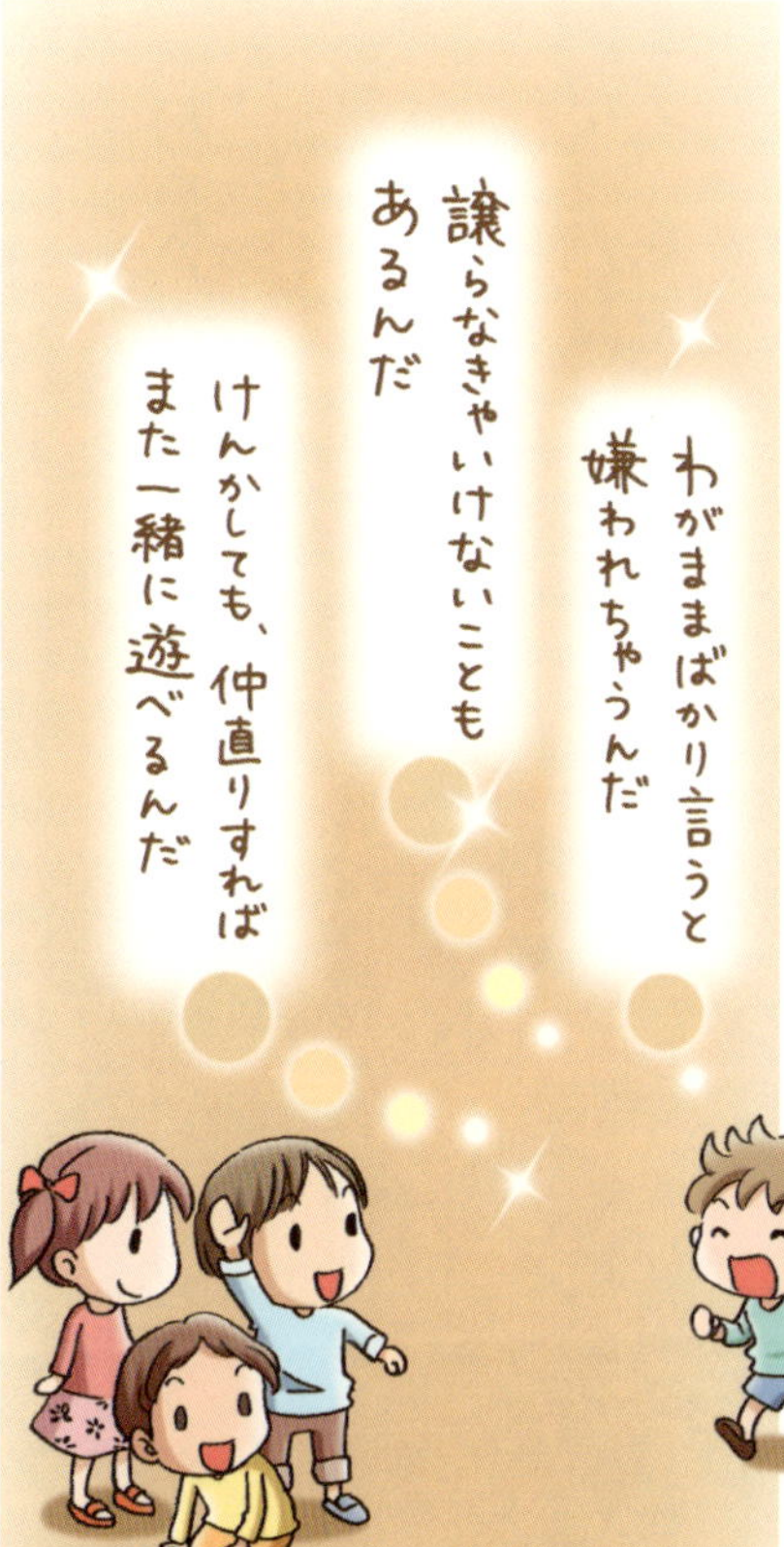
わがままばかり言うと
嫌われちゃうんだ
譲らなきゃいけないことも
あるんだ
けんかしても、仲直りすれば
また一緒に遊べるんだ

きょうだいげんかで多くのことを学んで、子どもは友達《ともだち》との関係を築いていきます

仲直りの方法

一緒にやる？

仲直りできたときのうれしさ

お兄ちゃん大好き！

ただ、片方が一方的にやられているときには、やはり止めざるをえないことがあります。

　そのときに大切なのは、上の子を叱《しか》る、とか、下の子をかばう、ということでなく、とりあえず、2人を引《ひ》き離《はな》す、ということだと思います。

いちばん大切なことは
けんかをしないように諭すことでも、
悪いほうを罰することでも
仲直りさせることでも
ありません。
お互いの話を
批判せずに、
たっぷり聞くことです
順番に
ゆっくり聞くよ
PUN
PUN

●頭ごなしに上の子を叱るだけだと、悪循環になってしまいます

きょうだいげんかの対応
基本バージョン
1
あらかじめルールを決める
泣いたら終了
暴力はダメ
ピーーッ
2
そこまで来たら、「はい、ケンカはおしまい」と宣言して2人を引《ひ》き離《はな》す
まあいったいどうしたの
後でお兄ちゃんの言い分も聞くね
すたすた
3
それぞれに話を聞く
たたいたー
すごく強く
うぇぇぇん いたいよぉー
おーよしよし、たたかれて嫌《いや》だったね
痛いの飛んでけーしようね
弟の話を共感しながら聞く
あいつがぼくのおもちゃ勝手に使って壊《こわ》したんだよ！
触《さわ》るなって、前から言ってあったのに本当にムカツク！ ぼくあんな弟いらないよ!!
生意気だし！
うんうん
大事なおもちゃ壊《こわ》されたらそれは怒《おこ》るよね
これからは勝手に触《さわ》らないようにちゃんとわかってもらわないといけないね！
そう！
お兄ちゃんの話を共感しながら聞く

きょうだいげんかの対応
丁寧に対応する時間がないときバージョン
とにかく気をそらして話題を変える
うっ
胸が……
もうダメだ……
がくっ
うわっお母さんどうしたの!?
おまえたちー!!
そんなことしてるとお母さんがちゅーーーしちゃうぞ~待て~~!!
わっ
何!?
気持ちを別の方に向けるだけで、ケンカが治まることもあります
おやつにしよ~

21章

育児の困った⑥

乱暴な振る舞いをする

きゃ
きゃ
きゃ
コラ!!
だめでしょ そんなことしちゃ!
ドカッ
うちの子は3歳になりますが、すぐに手が出るタイプです
また うちの子が!?
かみあと
コラ!! やめなさい!!
どうして そういうことするの!?
お友《とも》達《だち》に嫌《きら》われたら児童館に来られなくなるんだよ!
子どもには、しっかり叱《しか》って聞かせていますが、一向に効果はありません。どう対処すればいいのでしょうか

「友達《ともだち》と一緒《いっしょ》に遊ぶとき、すぐに乱暴な振《ふ》る舞《ま》いをしてしまいます」

特に男の子を持つ親御《おやご》さんから、よく受ける相談です。

おもちゃを奪《うば》う、手に入らないと殴《なぐ》る、時には、友達《ともだち》の顔を傷つけるなどして、相手の親に謝《あやま》りに行った、という経験のあるお母さんもあるかもしれません。

ただ、これは3歳くらいの男の子では、よくある行動です。

この頃《ころ》の子どもは、自己主張が出てくる反面、相手のことを考えたり、妥協《だきょう》したりすることがうまくできません。それが結果として、自己中心的な行動になったり、攻撃的《こうげきてき》な行動になったりしてくるのです。

3歳児であれば、簡単なルールは少しずつ理解できるようになっているので、トラブルがあるたびに、「こういうことはしてはいけないよ」「人の物が欲《ほ》しいときは、『貸して』と言うんだよ」「人をたたいてはだめだよ」ということを、繰《く》り返《かえ》し教えていく必要はありますが、理解できることと、そのとおり行動できることはまた別です。

大切なことは、子どもの気持ちを聞いて、気持ちには共感し、行動は抑止《よくし》する、ということです。

困った行動を注意するときに、大切な3つのステップ

① 気持ちを聞く

どうして
お友《とも》達《だち》に
ブロック
投げたの？
何か悲しいこと
でもあった？
だってぼくのこと見て
笑ったんだもん

② 気持ちには共感する

そうか、それで
バカにされたような
気分になったんだね
悲しくて
ブロック
投げちゃったのね
そうだったんだ
けんたの悲しい気持ち
お母さん
よーくわかったよ
そうだよ！
あいつらヤダ！

③ 行動は抑止する

まとめ

気持ちは共感

行動は抑止

言っても言っても、いけないことをするのが、この時期です。しかし、繰《く》り返《かえ》し教えていくうちに、4歳、5歳となるうちに、少しずつ、ルールを守ったり、相手の気持ちに配《はい》慮《りょ》したりすることができるようになります。それまで忍《にん》耐《たい》強《づよ》く教えていくしかありません。

なお、このような行動に対して、「人をたたくのをやめさせるには、本人に痛い思いをさせてわからせるしかない」と考えて、子どもをたたく親がいますが、それは逆効果です。体《たい》罰《ばつ》が繰《く》り返《かえ》されると、そのときはおとなしくなりますが、別のところで攻《こう》撃《げき》的《てき》になったり、反社会的行動に走ったりするといわれています。

⊗体罰でわからせようとすると、別のところで攻撃的になる

〇何度も繰り返し、忍耐強く教えていく

ええっ うちの子が また お友達《とも》《とも》に 乱暴を!?
いつも もうしないって 言うのに どうして乱暴 するんだろう?
でも、わかるのと できるようになるのは 別なのかも。 少しずつでもできるように なるよね……
そういえば以前は こんな顔はして いなかった
やっぱり自分でも 悪いことしたのは わかっているんだわ
やっぱり繰《く》り返《かえ》し 繰《く》り返《かえ》し、言っていく しかないんだわ
どうして たたいたの? 何か嫌《いや》なことが あった?

22章

育児の困った7

友達からいじわるされている

友達《ともだち》からいじわるをされている、と知った親御《おやご》さんは、この先エスカレートしないだろうか、子どもにどう言葉をかけたらいいのか、悩《なや》むと思います。

子どもの世界は、ある意味で、感情のぶつかり合いです。大人のように、自分の感情をうまくコントロールすることができないため（大人でも難しいですが……）順番争いや、物の取り合いで、すぐにけんかになります。

子どもの世界とはそういうものですし、それで人間関係を学んでいく、という部分もあります。けんかをしても、しばらくすると、また一緒《いっしょ》に遊んでいるのも、子どもの世界ならではのいいところです。ですから、「いじわる」といっても、ある程度、お互《たが》いにやり合っているようなものなら、少し様子を見ていいと思います。

しかし、一方的で持続する場合は、やられる側がつらいですし、やはり大人の介入《かいにゅう》が必要になります。

まず大切なのは、「いじわるをされる側は、ちっとも悪くない」ということです。よく、自分の子どもがいじわるをされているのを知ると、「引《ひ》っ込《こ》み思案《じあん》だからじゃないか」とか、「内気だから」「心が弱いから」と、自分の子どもの性格のせいだと考えてしまう親御《おやご》さんがあります。では、そういう子には、いじわるをしてもいいのでしょうか。絶対にそんなことはないはずです。いじわるは、いじわるをする側が悪いのであって、される側は決して悪くないのです。それを、いじわるをされるわが子にも非があると思ってしまうと、「あんたももっと強くなりなさい！」とか、「おまえも少しは言い返したらどうなの？」などと言ってしまいます。それでは、いじわるをされているうえ、家でフォローされるどころか、よけいに叱《しか》られるという、最悪の状態になります。

「つらかった　いじめられても叱《しか》られて」＊

という、いじめを受けた子の川柳《せんりゅう》がありますが、そうなると、もう親に相談することもできなくなります。

ですから、「いじわるをされている」と子どもが訴《うった》えてきたときには、まず、「あなたは、ちっとも悪くないんだよ。いじわるは、するほうが絶対に悪いんだし、おかしいんだよ」と伝えることが大切なのです。

いじわるをされる子は、心の優しい、相手に気を遣《つか》う子が多いです。人に怒《いか》りをぶつけるより、自分がガマンする子ですから、むしろ心の強い子です。決して弱いと

＊あめあがり通信151号（「非行」と向き合う親たちの会）

か、悪い性格とは思いません。

そのうえで、いじわるをやめさせるために、「今度、たたかれたりしたら、保育園（幼《よう》稚《ち》園《えん》）の先生に言ってごらん」と提案してみましょう。よけい悪化するのではないかと心配する子もいますが、少なくとも小学校中学年くらいまでは、先生に相談することで、かなり解決することが多いです。

また、子どもからではなく、友《とも》達《だち》の親から「いじめられている」という情報が入ることもあります。それで子どもに確《かく》認《にん》しても、やはり言わない。いじめられる自分がみじめだから認めたくない、ただ遊んでいるだけだと思いたい、ということもあります。また、親に言うことで、よけいに事態が悪化するのではないかと思っているのかもしれません。そういう場合は、言わないことはあまり責めずに、「嫌《いや》なことがあるのなら、必ず言ってね。それを言ったからって、もっといじわるがひどくなることはないからね」と繰《く》り返《かえ》し伝えて、様子を見ます。

言葉で伝えてこなくても、小さな子の場合は、表情を見ていればたいていわかります。登園を渋《しぶ》るとか、暗い顔をして帰ってくることが続くなら、一度、親のほうで、保育園や幼稚園《ようちえん》の先生に相談しましょう。

✕ わが子にも非があると思ってしまうと……

◯「いじわるは、するほうが絶対に悪い」と伝えることが大切

23章

育児の困った❽

注意をしても、認めようとしない

「自分の非を認めようとしないのは、プライドが高くて、傲慢《ごうまん》だから。だから、そういう子は、きつく叱《しか》って、そのプライドの高い鼻をへし折ってやらなければならない」と、ふつう思います。しかしそうでしょうか。

本当にプライドの高い、自己肯定感《じここうていかん》の高い子であれば、むしろ、自分の非を認めることができます。相手に謝《あやま》ることができます。

非を認めることができないのは、一見、プライドが高そうに見えても、実は、逆に、自《じ》己《こ》肯《こう》定《てい》感《かん》がとても低いからなのです。

これ以上、自分の非を認めると、自分が全面否定されるのです。全面否定されたら、生きていけません。だから、必死に、自分は悪くない、と主張するのです。

では、どうして、子どもがこうなるか、ということですが、よくあるのが、叱《しか》られすぎている場合です。叱《しか》られすぎて、自己肯定感《じここうていかん》がとことん下がっているために、これ以上、自分の非を認めることができないのです。

ですからこういう場合、非を認めさせようと、徹底的《てっていてき》に追《お》い詰《つ》めるのではなく、いったん、この子の言い分を認めてやりましょう。

本人なりに、叱《しか》られまいと努力した部分を認めてやる。そのうえで、でも、こういうことは、よくないよね、と言うと、比較的《ひかくてき》すんなり言うことを聞いたりします。

●いったん子どもの言い分を認める

もう1つ、あるのが、完璧主義《かんぺきしゅぎ》の子の場合です。

そういう子は、ちょっと叱《しか》られても、全部を否定されたように思います。こちらは100のうち、10が間違《まちが》いだよね、と言っているのに、本人は、100全部否定されたように思ってしまいます。

完璧主義の子は
ほんの少し注意しただけで
この部分
直そう！
全部を否定されたように
思ってしまい
全部
ダメ!?
非を認めることができない
場合があります
おまえは
0点の
人間だよ
そんなこと
聞きたくない!!

そういう場合は、きちんと言葉にして、90は、すごくいいよ、だから、あと10だけ、改めようね、と言っていくのです。

24章

育児の困った⑨

子どもの相手をしていると、カッとなってキレてしまう

「子どもの相手をしていると、ついついカッとなって、キレてしまう。どうしたらキレなくて済むのか」。一生懸命《いっしょうけんめい》、子どもに関わっておられるからこそ、出てくる悩《なや》みだと思います。子どもにキレてしまう心理は、いったいどういう心理でしょうか。

だいたい、次のようなものがあるといわれています。

1 子どもに、非現実的なことを求めている

まず、子どもの現実とは何でしょう。

- **子どもは自己中心的です**
（まだ相手のことを考える能力が育っていません）
- **子どもは失敗します**
（未来を予測する能力が育っていません）
- **子どもは言うことを聞きません**
（人の意見を冷静に聞く能力が育っていません）

こんなに散らかして！
いいかげんにしろー!!
ブチッ

こういう子どもに、思いやりや、失敗しないことや、すべてハイハイ言うことを聞くことを求めると、当然、思うようにならなくて、腹が立ちます。でも、これが子どもの現実なのです。こうであって、普通《ふつう》の子ども、なのです。まずそれを認めましょう。

しかし、このことは決してマイナスばかりではありません。

この3つは、次のように言《い》い換《か》えられます。

子どもに非現実的なことを求めると、イライラしてしまいます

自己中心的
←
自己主張ができる
ぼくが使う!!
順番……
……

失敗する
←
学ぶことができる
始まってる!!
おそーい
明日はもう少し早く家を出よう

言うことを聞かない
←
自立心の表れ
寝る時間だよ!!
次は何しよう!

2 子どもの言動を、被害的にとってしまう

子どもの行動が、「親をなめている」とか、「親をバカにしている」とか、「わざと困らせようとしている」と考えてしまうと、ついつい腹が立ちます。

しかし、たいていの子どもは、そういう意図は持っていませんし、バカにしているわけでもありません。

子どもがご飯を食べないのは、まずいからではなく、おなかがいっぱいだからですし、言うことを聞かないのは、こちらをバカにしているのではなくて、子どもだからです。

子どもの言動に、こちらへの非難や攻撃《こうげき》を読み取ってしまうと、こちらも反撃《はんげき》してしまいます。しかし、子どもは決して、親を攻撃《こうげき》しているつもりはないのです。

●子どもは親を困らせるつもりはない

3 親が、過度の責任感を持っている

子どもの言動のすべてを、親の責任だと考えていて、しかも、子どもをしっかりしつけることが、親の役割だ、と過度に考えていると、思うようにならない子どもの言動に、いちいち腹が立ちます。

子どもの言動のすべてが、自分が母親として、いかに無能で、未熟で、失格かを日々証明しているように思うと、焦《あせ》りから、ついつい叱《しか》ってしまいます。しかし、子どもの日々の言動は、たいてい、子どものもともとの性格による部分が大きいのです。そこまで親はコントロールできません。

むしろ、いろんな子があって、世の中バラエティに富んでおもしろくなっているわけですし、そんな個性的なキャラクターを世に送り出した、ということで、ほめてもらってもいいのではないかと思います。

25章

育児の困った⑩

泣き声を聞くと、イライラする

確かに、いつも子どもの泣き声を聞いていると、こちらもつらくなりますよね。

「ビービービービー泣いて、いったいどうすればいいの!?」と思わずどなりたくなります。

しかし、泣く、というのは、自分の感情を表現することで、子どもの心の成長のために、とても大切なことなのです。そしてこれは、その後、子どもが、自分の気持ちを、言葉で表現できるようになるためにも、とても大切なプロセスです。

いわゆる「泣かせない子育て」というのがあります。

1つは、子どもが泣こうとすると、大声でどなったり、たたいたりして、泣けないようにすることです。家族の中に、子どもの泣き声に強い嫌悪感《けんおかん》を抱《いだ》く人がいると、お母さんは、その人の手前、必死で泣かせないようにします。

子どもは、泣くと、ひどい目にあうことがわかるので、やがて、泣かなくなります。しかし、それとともに、子どもの喜怒哀楽《きどあいらく》の表情はすべて失われていきます。これは、とても心配な状態です。

●どなったり、たたいたりして泣けないようにすると心配な状態に……

また、それとは逆に、子どもの泣き声を聞くのがつらいので、泣きそうになったら、すべてを与《あた》えて、子どもを泣かせないようにすることもあります。一見、子どもの欲求を敏《びん》感《かん》にキャッチしているのでよいように思いますが、子どもが泣いて要求する前から、すべ

て与《あた》えてしまうと、自分の力で、訴《うった》えて、求めるものをゲットした、という自信を育《はぐく》む機会を奪《うば》われてしまいます。

●すべてを与えて泣かせないようにすると、自信を育めない

逆にいうと、思いっきり泣く子どもは、自分の気持ちを、素直《すなお》に表現できる子どもで、とてもよいことだといえます。

思いっきり泣く
抱《だ》っこしてもらい、ヨシヨシしてもらう
泣きやむ

この一連のプロセスを何度も何度も繰《く》り返《かえ》すことで、自分の感情を表現してもいいんだ、それをちゃんと受け止めてもらえるんだ、と、自己肯定感《じここうていかん》を育《はぐ》むことになります。

そうすると、もう少し大きくなれば、逆にたくましくなって、しだいに、ちょっとしたことでは泣かない子どもになっていきます。

日本では、以前から「泣くな！」「泣き虫！」など、泣くことはいけないことだ、という風潮が強くありました。しかし、喜怒哀楽《きどあいらく》の感情は、人間の心の成長にとって、とても大切なものなのです。

まだ3歳なのです。まだまだ不安なこと、怖《こわ》いこと、悔《くや》しいことが、いっぱいあると思います。そういう現実にぶつかるたびに、大いに泣くことができる子どもは、心が健康に育っている証拠《しょうこ》です。

そのように、しっかりと感情を表現し、ヨシヨシと受け止めてもらった子どもは、また、しっかり感情をコントロールすることを身につけていきます。

思いきり泣いても大丈夫なんだ
自分の感情を表現してもいいんだ
ちゃんと受け止めてもらえるんだ

Q&A

相談に来られる皆さんから、
こういう質問を受けることが
あります

Q 1

子どもがウソをつくように

最近、子どもがウソをつくようになりました。「ウソは泥棒《どろぼう》の始まり」といわれますが、うちの子も悪くなっていくのではないかと心配です。

A

「ウソは泥棒《どろぼう》の始まり」といいますが、すべてのウソが悪いわけではありません。必要なウソもあります。逆に、人間社会から、すべてのウソがなくなったら、とても生きづらい世の中になるでしょう。

ウソをつくのは人間だけです。イヌやネコがウソをついた、というのは聞いたことがありません。赤ちゃんにもウソはありません。そうすると、ウソをつくようになった、ということは、それだけ知能が発達してきた証拠《しょうこ》。そういう意味では、「ウソは泥棒《どろぼう》の始まり」というより、「ウソは人間の始まり」といったほうが正しいのではないかと思います。

そうはいっても、やはり心配なウソもあります。心配でないウソもあります。そのいくつかをお伝えしたいと思います。

ただその前に1つ、大切なことがあります。それが本当にウソなのかどうか、ということです。大人は時々、自分が信じられないとき、よく確かめもしないで、「そんなのウソに決まっている」とか、「またウソをついて」と言います。

しかし、本当のことを言っているのに、ウソだと決めつけられて、傷ついた子どもを私はたくさん知っています。それ以来、大人には何を言ってもどうせ信じてもらえないと思った、という子どもも少なくありません。

ちょっと、ちゃんと手を洗ったの？
ジャ
洗ったよー
ウソ!! こんな短時間で出てこられるわけないでしょ！もう1回、ちゃんと洗ってきな!!
ちゃんと洗ったもん!!
12時になったら帰ってくるって約束したのに、どうして遅《おそ》くなったの？
だってまーくんが足が痛いって言うから
ゆっくりしか歩けなかったんだもん
またー、この間もそう言ったじゃない
またそんなウソついてまったく……
話も聞かず、安易にウソと決めつけると、子どもはとても傷つきます本当にそれがウソなのか、たとえにわかに信じがたいことでも、まずは子どもの言い分をよく聞く、そしてどうしても信じられないことだったら、その裏づけとなる証拠《しょうこ》をちゃんと集める、という姿勢が必要だと思います。

では、それがどうしてもウソらしい、となったとき、どういう種類のウソがあるでしょう。

1 自分の空想を、事実のように言うウソ

小さな子どもは、空想と現実の区別がまだじゅうぶんついていないことがあります。「この前、ディズニーランドに行ってきた」とか、自分の願望を、あたかも事実のように言うことがあります。

こういうウソは、小さい子どもが言っている場合は、そんなに心配ありませんし、いちいち目くじら立てて叱《しか》る必要はありません。「そうなの」くらいで、聞き流しておけばよいと思います。

この間ディズニーランドに行ってきたの
えっ
そこ、私も行ったことあるよー
へえー
口に入れると3回味が変わるキャンディ
あーそれ知ってるー
食べたことある
えっ!
ええ——っ
この間新しいゲーム買ってもらったんだ
わぁ、いいなー
そうなったらいいな、ってことだよね……?
願望を、事実のように言うことに、目くじらを立てる必要はありません

2 叱られないためのウソ

悪いことをしたのに「してない」と言うウソです。

これは、大人でもあることですし、こういうウソは、しっかり注意しなければなりません。

ただ、あまりにこれが頻繁《ひんぱん》になる場合、背景にあるのは、たいてい「叱《しか》られすぎ」です。そしてこういう場合は、ウソを叱《しか》れば叱《しか》るほど、悪循環《あくじゅんかん》になってしまいます。悪いことをして、それを隠《かく》そうとしてウソをつく。それがバレてこっぴどく叱《しか》られる。そのストレスでまた悪さをする。叱《しか》られるのが怖《こわ》くてウソをつく、それがまたバレてさらにひどく叱《しか》られる、という悪循環《あくじゅんかん》です。

ちょっと来なさい!!
ここのガラス割ったのあんたでしょ!!
知らないよ。帰ってきたら割れてたよ
お兄ちゃんが割ったんだよ。さっきボール投げてて
ガーガーガーガー
悪いことしたうえにウソまでつくなんて!! そんなひきょうなこと絶対許しません!!
あっコイツ!
おまえチクッてんじゃねーよ
ホントうざいやつっ!!
痛いっ
うわーーん
あんた何てことしてるの!!
あれだけ叱《しか》ったのに全然こりてない!!
都合の悪いことを隠《かく》すためにつくウソは、たいてい「叱《しか》られすぎ」によるものですこういう子どもは、どうしてそんな悪いことをするのかというと、それだけ今まで叱《しか》られすぎてストレスがたまっているからです。

そのストレスを、友達《ともだち》にいじわるするとか、友達《ともだち》のゲームを取るとか、親のお金を盗《ぬす》むとか、そういう形で出しているのです。そしてそれはたいていすぐばれますから、こっぴどく叱《しか》られます。そうすると、よけいもやもやがたまって、また悪いことをします。そうすると、また見つかって、さらにこっぴどく叱《しか》られる。そういうことになっているのです。

これはちょっと心配なウソです。親の対応を少し見直す必要があります。

まず、こういう子は、悪いことをしたことはしばらく叱《しか》らないで、まず、やったことを正直に話をする子にしなければなりません。

そうはいっても、なかなか本当のことは言いません。それを根気強く、とにかく本当のことを話してほしいんだ、と繰《く》り返《かえ》し伝えていく。そのうちに、本当のことをたまたま言ったときに、「よく本当のことを話してくれた」と認めていく。そしてちゃんと本当のことを言えるようになったら、そのときようやく、他の子並みに少しは叱《しか》ってもいい、ということです。

ウソをつく、というのは、自分の非に向き合えない、ということです。

自分の非と向き合えないのは、プライドが高いからではありません。むしろ、自己肯定《じここうてい》感《かん》が低いからです。自己肯定感《じここうていかん》の高い人は、自分の非を認めることができます。それができないのは、自分に自信がないからです。これ以上自分の非を認めると、自分の存在価値はマイナスになると思っているのです。そういう子どもをこれ以上追《お》い詰《つ》めても、逆効果なだけです。

いけないことはいけないと伝える必要はありますが、それと同時に、子どもなりの努力やがんばりやいいところを伝えて、自己肯定感《じここうていかん》を育てる関わりが絶対的に必要です。

「子どもはよくウソをつくけれど、ウソをつかずにおれない気持ちはホントウだ」といわれます。

「ウソはいけないよ」と教えると同時に、なぜそういうウソをつくのか、その背景をしっかり把握《はあく》することこそが、大切なことではないかと思います。

● 根気強く「本当のことを話してほしい」と伝えていく

Q 2

わがままを受け入れたら、収拾がつかなくなる？

2、3歳のころは、あまり手がかからなかったのですが、4歳になって、下の子が生まれてから、「やって」「行かない！」など甘《あま》えやわがままがひどくなりました。夫からは、「おまえが甘《あま》やかすからだ。そんなことしていたら、収拾がつかなくなる」と責められます。

A

自分でできることを「やって」と言ってきて、その求めを受け入れたら収拾がつかなくなるのではないか?と心配する親御《おやご》さんがあります。状況《じょうきょう》にもよりますが、少なくともご相談のようなケースでは、子どもの甘《あま》えを受け入れることは本当に必要なことで、一度、受け入れたら、どんどん収拾つかなくなるということは決してありません。

保育園の先生からも、似たような相談を時々受けます。

「親が忙《いそが》しくて寂《さび》しい思いをしている子に、優しく接していると、甘《あま》えがどんどんエスカレートして、自分にくっついて体中触《さわ》ってくる。その様子を見て、周りの先生から『もっと厳しく突《つ》き放《はな》したら、そんな行動は出さないんだ。あんたが甘《あま》やかしているからだ』と責められる。どうしたらいいでしょうか」というようなものです。もちろん、体中触《さわ》ってくることで、保育士さんがつらい思いをしているなら、それは子どもに伝えて「それはやめてね」と言っていいですが、しかし甘《あま》えを受け止めること自体は決して間違《まちが》っているとは思いません。

そのように激しく甘《あま》えが出てくるということは、それだけがまんしてきたからです。ですから、その甘《あま》えを受け止めるのは、必要なことです。まず本来は、親に出すべきですが、出せないときに、まずは保育士さんに出してくる、ということがあるのです。それは、甘《あま》えを適切に出せるようになるために必要なプロセスなのです。そのうえで、本当に甘《あま》えたいのはやはり親なので、親に甘《あま》えられるように、親も子も少しずつ支援《しえん》していくのが、保育士の役割です。

だから甘《あま》えを受け止めることが悪いことでは決してない。むしろ、ようやくそこで子どもが自分の気持ちを出せるようになった。それは子どもにとってたいへん幸せなことです。

2、3歳の頃《ころ》は、あまり手がかからなかった、ということですが、本来は、2、3歳のときは、いちばん手がかかるときです。それがあまり手がかからなかったということは、何らかの理由で子どもががまんしていたのではないかと思います。それが、下の子が生まれたのをきっかけに、出てきたのだと思います。

甘《あま》えを受け止めると、収拾がつかなくなるように思われるかもしれませんが、どんどんひどくなっていくかというと、決してそうではありません。ずっと受け止めていくと、どこかで底を打つということがあります。そうしたら、だんだんまた自分でやっていけることが増えていきます。

どんどん悪くなる状況《じょうきょう》だけを見ていると、不安になるのも無理はないと思いますが、決してそうではなく、むしろしっかり甘《あま》えを出せた子が、いずれしっかり自立していく、ということを知っていただきたいと思います。

⊗甘えを受け止めず、厳しく突き放す

○これまでがまんしていたのだと、甘えを受け止める

○甘えを受け止めると、しっかり自立していく

Q 3

キレない子に育てるためには、どうしたらいい？

子どもがちょっとしたことで、すぐに怒《おこ》ります。将来、キレやすい子にならないために、忍耐《にんたい》させることも覚えさせたほうがいいでしょうか。

A

キレる、つまり、怒《いか》りの感情を爆発《ばくはつ》させる子にならないために、しっかり忍耐《にんたい》できる子に育てようという気持ちはわかります。でも、結論からいうと、それは間違《まちが》っています。

例えば、工場を考えてみてください。工場からは、たくさんの有毒ガスが排出《はいしゅつ》されます。そのままでは、大気を汚《お》染《せん》します。

大気を汚染《おせん》しないために、もし、煙突《えんとつ》にフタをしてしまうと、どうなるでしょう。

確かに、一時的にはいいかもしれませんが、そのうち、工場内にガスが逆流して、有毒ガスで充満《じゅうまん》し、中にいる人が窒息《ちっそく》したり、工場全体が爆発《ばくはつ》したりしてしまうかもしれません。そのときに、必要なのは、煙突《えんとつ》にフタをすることではなく、有毒ガスを、無害なガスに変えて（処理を施《ほどこ》して）排出《はいしゅつ》する、ということです。よく、煙突《えんとつ》の先で火が燃

えているのは、有毒ガスを燃やして、無害なガスに変えているのです。

それと同じように、私たちの心の中には、怒《いか》りやねたみ、悲しみなどのマイナスの感情があります。それを、一切出してはいけない、と抑《おさ》え込《こ》んでしまうと、どこかで爆発《ばくはつ》するか、逆に、体の内部に広がって、さまざまな心身症《しんしんしょう》の原因になってしまいます。

×マイナスの感情を抑え込むと……

大切なのは、抑《おさ》え込《こ》むことではなく、無害な形に変えて、吐《は》き出《だ》すことです。その無害な形というのが、言葉です。

腹が立つ気持ちを、「こういうことで腹が立ったんだ！」と、言葉で吐《は》き出《だ》すのです。ねたみの気持ちを、「妹がうらやましかったんだ！」と吐《は》き出《だ》すのです。

そうすると、実際に暴れなくても、気持ちがすっきりすることを知ります。これが、感情をコントロールするということです。

○無害な形に変えて吐き出す

キレない子に育てるために、親にできることは、子どもの感情を酌《く》んで、それを否定せず、言葉にして返すことです。「嫌《いや》だったね」「腹が立ったんだね」「悔《くや》しかったね」。そうすると、子どもは、しだいに自分で、自分の感情を自覚して、言葉で表現するようになります。これができるようになると、それほど暴れなくても、言葉で気持ちを吐《は》き出《だ》すことで、自分の気持ちを収めることができるようになるのです。

⊗がまんさせてばかりいると……

○子どもの感情を否定せず、言葉にして返す

Q4

乱暴な子には、もっと厳しくしたほうがいいのでは？

近所に、とても乱暴な男の子がいます。かみつかれた子もあり、「親が甘《あま》いからこんな子になるんだ。皆《みな》でもっと厳しくしないと」と話し合っています。そんな子へは、どう接すればいいのでしょうか。

A

近所に乱暴な子がいると、自分の子にも被害《ひがい》が及《およ》ぶのではないか、と心配されるのも無理はありません。もしかすると、すでにたたかれたりしたのかもしれませんね。

よく、乱暴な子がいると、「甘《あま》やかして育てたからこうなるんだ」「もっと厳しくしないと」といわれます。しかし、実際には、むしろそういうことは少ないです。

では、どうしてこうなるのかですが、1つは、持って生まれた性格の場合。

子どもには、おとなしい子もあれば、やんちゃな子もあります。悪気はないのだけれど、まだ自分の力かげんがうまくできず、ついついエスカレートすることもあります。3、4歳であれば、そういうことはままあることです。

もう1つは、子どもに何らかのストレスがあって、それが行動面に出ている場合。

例えば、以前、通《かよ》っていた保育園で厳しすぎるしつけを受けていて、そのときガマンしていたものが、今出てきているとか、家庭で、下の子にばかり手がかかって、あまりかまってもらっていないとか、虐待《ぎゃくたい》とまではいかなくても、体罰《たいばつ》を含《ふく》めた厳しい養育を受けているとかです。

乱暴したくなる気持ちのもとにあるのは、実は悲しみだともいわれています。

1つにはもともとの性格の場合

もう1つはストレスが出ている場合

少なくとも、「親が甘《あま》いから、乱暴になるんだ」というのとは、違《ちが》うことが多いです。それを周囲が思《おも》い込《こ》んで、集団で親に苦情を言いに行くと、親はもっと子どもを叱《しか》るでしょう。すると、子どもにさらにストレスがかかって、乱暴な行動がよけい悪化する、という場合もあります。そうなれば、まったくの逆効果です。

ではどうするかですが、乱暴な行動をコントロールしていくために大切なのは、それを言葉で表現できるようにしていくことです。これは自分の子どもであっても、他人の子どもであっても同じです。

まず、「どうしたのかな?」「何か嫌《いや》なこと、腹の立つことがあったのかな?」と気持ちを聞く。「○○だったからだ!」と言えば、「そうだったんだね。それが嫌《いや》だったんだね」と気持ちに共感する。理由を言わなければ、「何でかわからないけれど、腹が立ったんだね」と伝える。そして、「これからは、腹が立ったら、『嫌《いや》だ』とか、『腹が立つ!』と言葉で言えばいいんだよ。だから、いきなりたたいたり、かみついたりすることはやめようね。自分もたたかれたり、かみついたりされると嫌《いや》だもんね」と言う。

可能ならば、その子の親御《おやご》さんと話し合うことができればいちばんですが、すでにこういう子の親御《おやご》さんは、周囲からの苦情をさんざん聞いていっぱいいっぱいになっていることが多いので、もし話をするとしても、親御《おやご》さんなりに子どもを心配して、じゅうぶん注意してこられたことをまず認め、ねぎらってあげることが大切です。

Q5

ルールを守らず、注意してもまた繰り返します

5歳の男の子が、わざと友《とも》達《だち》にいじわるをしたり、人の物を取ったりします。注意しても、そのときは「もうしない」と言うのですが、また繰《く》り返《かえ》します。どう対応すればいいでしょうか。

A

5歳の男の子が、ルールを守れず、悪さばかりする、ということですが、こうなる理由に2つあります。

1つは、ルールそのものを教えられていない場合。例えば、あまりにも過保護に育てられて、何でも「いいよいいよ」と与《あた》えられて、人の物を取ってはいけないということを教えられていない場合。そういう場合は、きちんとルールを教えていく必要がありますし、ルールを教えれば、そういう子は、少しずつ守れるようになります。

ところが、この子は、すでに何度も注意されているのに、まったく改善しない、ということですから、ルールを教えられていないためではなさそうです。

その場合は、もう1つの原因が考えられます。

それは、ルールは教えられてはいるが、土台の自己肯定感《じここうていかん》が育っていない、非常に低くなっている場合です。

ルールを守ることの根本にあるのは、「他人のことを大切にする」という気持ちです。

しかし、他人を大切にする前に、自分のことが大切だ、大切にされている、という気持ちが育っている必要があります。

自分が大切にされた、という経験がちっともないのに、人を大切にしろと言われても、納得《なっとく》できるはずがないからです。

例えば、虐待《ぎゃくたい》を受けていたり、じゅうぶん世話をされていなかったりする子どもは、自分の受けたストレスを、他の子に悪さすることで発散したり、あるいは、悪いことをして注目されることで、安心を得たりします（これを試し行動といいます）。

ですから、この子のように、「叱《しか》っても叱《しか》っても悪さを繰《く》り返《かえ》す子」の場合は、ルールを教えられていないのではなく、土台の自己肯定感《じここうていかん》が低くなっているのではないかと気づいて、もう一度、土台から育て直すことが必要です。

もちろん、してはいけないことはいけない、と伝えなければなりませんが、それと同時に、その子のつらい状況《じょうきょう》を理解し、共感する、そして、その子なりのがんばっているところを少しでも見つけてほめていくことが、絶対に必要なのです。

「あなたもいろいろとつらいことがあったんだね」「そんな中で、あなたなりに、精一杯《せいいっぱい》がんばってきたんだね」ということを認めてもらっただけで、そういう子は、驚《おどろ》くほど素《す》直《なお》になり、改善に向かう、ということがあるのです。

教育現場では、「規範意識《きはんいしき》」ということをよく強調されますが、欠けているのは規範意《きはんい》識《しき》でなく、「自己肯定感《じここうていかん》」であることを、もっともっと多くの人に知ってもらいたいと思います。

×自分が大切にされた経験がないと、他人も大切にできない

○つらい状況を理解し、共感すると……

どうしてこの子は友達《ともだち》にいじわるばかりするのかしら……
もう一度、安心感を与《あた》えてやり直す必要があるのかも……
けんたもいろいろつらいことがあったんだよね
そんな中で精一杯《せいいっぱい》がんばってきたんだよね
お母さんはいつでもけんたの味方だよ
つらくなったらお母さんがぎゅーってするからね
安心
次の日——
あら、けんた君だわ。今日はなんだかいい表情してるみたい
おはよう

Q 6

甘えが強い子は、ちゃんと自立できるのでしょうか

5歳の男の子ですが、いまだに甘《あま》えが強く、友《とも》達《だち》と遊んでいても、嫌《いや》なことがあるとすぐに「お母さ～ん」とベタベタと甘《あま》えてきます。もうすぐ小学校ですので、ちゃんと自立してほしいと思っています。

A

5歳の男の子で、甘《あま》えが非常に強い、ということですが、まず、親にちゃんと甘《あま》えの気持ちが出せていることはとてもいいことです。またそれに親御《おやご》さんもちゃんとこたえておられることも、とてもいいことです。ただ、同じ年齢《ねんれい》の他の子に比べて、甘《あま》えが非常に強い、このままでいいのだろうか、もっと自立させたいのだが、という親御《おやご》さんの不安も無理ないことです。

ここにはこれ以上詳《くわ》しいことが書いてありませんので、いくつかの想定される場合を考えてみたいと思います。

1 それまでにじゅうぶん甘えられない状況があった

例えば、0歳、1歳、2歳とか、本来、お母さんとべったりするのがふつうな時期に、いろいろな事情があって、じゅうぶん甘《あま》えることができなかった場合は、もう少し大きくなってから、激しい甘《あま》えが出てきて、それがしばらく続くこと

があります。

子どもが小さいときに、例えばお母さんが病気で長い間入院していたとか、祖父母の所にずっと預けられていた、などです。この場合は、本来必要な甘《あま》えを、取《と》り戻《もど》そうとしているわけですから、必要な行動といえます。ですから、しばらく甘《あま》えをしっかり受け止めていると、半年から1年すれば、本人も満足して、甘《あま》え行動も落ち着いてきて、少しずつ自立に向かっていきます。

2 小さい頃はじゅうぶん甘えて、いったん自立しつつあったが、またここにきて甘えが強くなってきた

こういう場合は、いったんじゅうぶんな安心感をもらって、自立に向かったけれど、何か不安なことが起きて、安心感を得るために、甘《あま》えが強くなっている場合です。いわゆる「赤ちゃん返り」です。

よくあるのは、下に妹や弟が生まれて、親がそれにかかりっきりになっていたり、新しい幼稚園《ようちえん》や小学校に入学して、不安が強くなったりしている場合です。このことについては、16章で詳《くわ》しく書きました。

●いったん自立したけれど、また不安が強くなることがある

3 生まれたときから人一倍甘えが強く、それがずっと続いている

決して、甘《あま》えていないわけではない、むしろ人一倍甘《あま》えてきたのに、いまだに甘《あま》えが続いている場合です。こういう場合は、周囲からも「甘《あま》やかしすぎたからじゃないの」と言われて、親としてもついつい、そうかな、じゃあ、もっと突《つ》き放《はな》したほうがいいのかな、と思ったりしてしまいます。

しかし私はそうは思いません。こういう子に多いのは、人一倍、敏感《びんかん》で、周囲に気を遣《つか》う子です。ある意味、よく気のつく、頭のいい子です。

人一倍敏感《びんかん》な子は、それだけ、周囲に対して不安を抱《いだ》きやすいです。だから安心感を得るために、また、人一倍、甘《あま》えを必要とするのです。甘《あま》えの必要な量は、子どもによって違《ちが》います。

これだけ甘《あま》えているんだから、もうじゅうぶん

人一倍敏感《びんかん》な子は、安心感を得るために、人一倍、甘《あま》えを必要とします

だろう、と大人は思ってしまいますが、それでも甘《あま》えてくるということは、やはりそれだけまだ不安なのです。

そういう子でも、甘《あま》えにつきあって、しっかり受け止めていくと、成長につれて、必ず親から少しずつ離《はな》れるようになってきます。

そのうえで、もし自立していくときに、本人の特性として、苦手な部分があれば、それをサポートするような働きかけができればなおよいと思います（例えば、コミュニケーションが苦手な子であれば、親が、子どもの気持ちを酌《く》んで言葉にしてかけていく、というような関わりです）。

また、本人が自分でやろうとしたときに、すかさずほめる、甘《あま》えて安心感を得るだけでなく、自分でやってほめられて、達成感を持つことの喜びを教えていくのも大事かもしれません。

基本的には、「依存《いぞん》と自立の行ったり来たりは、あくまで子どものペースで」が基本であって、子どもが甘《あま》えを求めてくるかぎりは、それは今この子に必要なものなのだと考えて、受け止めていいと私は思います。

●子どものペースを尊重して受け止める

Q 7

きょうだいを平等にほめるには？

4歳と2歳の姉妹です。これまでなるべくお姉ちゃんを優先にしてきましたが、最近は、妹も自我が出てきて、お姉ちゃんをほめていると、「私は？　私は？」と、間に入ってきます。どうすれば2人を平等にほめられるのでしょうか。

A

下のお子さんもなかなか自己アピールのしっかりした、ステキなお子さんですね。

確かに、下の子が生まれると、ついつい親もかかりきりになって、上の子がほったらかしになりがちですから、「上の子をしっかり見て」という関わりは、適切だと思います。下の子はかまってもらえたり、ちょっとしたことでもほめられているのに、上の子は「あなたは年上なんだからできて当たり前」と、全然ほめてもらえず、叱《しか》られてばかりだと、不満がたまってきますし、「何であんたばっかりかまってもらえるんだよ」と、その不満のはけ口を下の子に向けて、いじわるをしたりします。

ですから、上の子が下の子に優しくなれるために、上の子自身が、親から大切にされ、かまってもらっている、ということがとても大切なポイントになります。

しかし、だからといって、では下の子には関わらなくてもいいかというと、そうではないと思います。

下の子は下の子で、いろいろとつらいこともあるのです。上の子は、確かに親のプレッシャーはかかりますが、その分、親もしっかり育児モードになっていて、ちゃんとかまってもらってきた経緯《けいい》があります。ところが2番めになると、親もアバウトになってきて、自由といえば聞こえはいいが、野放し状態（笑）になっていることがあります。結果とし

て、下の子が寂《さび》しい思いをしていることもあるのです。

ですから、きょうだい、どちらに力を入れる、というのではなくて、基本的には、どちらも平等に手をかけていく（もちろんそのときの状況《じょうきょう》によって、今はこちら、ということはあっていいと思いますが）ことが大事なのだと思います。

そして、きょうだいをほめるときに、お勧《すす》めなのは、上の子も下の子もいい子だよ、と、十把一絡《じっぱひとから》げに、抽象的《ちゅうしょうてき》にほめるだけではなくて、一人ずつ、その長所をほめることです。「お姉ちゃんは、優しくて、おっとりしているところがとてもいいね」「○○ちゃん（下の子）は、ちゃんと自分の気持ちをはっきり言えるところがいいね」「お姉ちゃんは、ちゃんとお手伝いしてくれるところがいいね」「○○ちゃんは、友達《ともだち》といっぱい遊ぶところがいいところだね」などです。

自分がほめられたところは、もっとがんばろうと思いますし、きょうだいがほめられたところは、自分もまねをしようとします。また、お互《たが》いに対して、尊敬の気持ちが生まれます（逆に、親がきょうだいを叱《しか》るのばかり見ていると、きょうだいを見下すようになります）。

●きょうだい一人ずつ、それぞれの長所をほめる

でも、このように、きょうだいそれぞれが、親に「見て見て！」と親の取り合いをする家は、とてもいい親子関係だと思います。親はたいへんかもしれませんが、「自分が訴《うった》えれば、親はちゃんとこたえてくれる」という心の絆《きずな》がきちんとできている証《しょう》拠《こ》だからです。

Q 8

家の外では まったく言葉を話しません

来年、小学校へ上がる子どもがいます。自宅や外出先ではふつうに話すのですが、幼稚園《ようちえん》では、先生や友達《ともだち》の前で、一度も言葉を発したことがありません。

A

言語の発達は正常なのに、幼稚園《ようちえん》や人前など特定の場面ではまったく話をしない状態を、「場面緘黙《ばめんかんもく》」または「選択性緘黙《せんたくせいかんもく》」といいます。

話をしない、というのにも程度があって、自宅でなら友達《ともだち》と話ができる子もあります。特定の場所で話せない以外は、心の成長は年齢《ねんれい》相応であることが多いです。発生率は、以前いわれていたのよりは高く、約1パーセントといわれています。

原因はまだはっきりしていませんが、不安が背景にあるといわれています。その背景として、人一倍敏感《びんかん》、という生まれ持った性格が関係することも多いと感じています。

こういう子に大切なのは、まず、「話さない」のでなく、「話せない」のだと理解して、話すことを強制しないことです。例えば、学校では順番に当てるとか、前に立たせて話すまで待つ、などというのは、決してしてはならないことです。

必要なのは、まず不安が根っこにあるので、じゅうぶんな安心感を持たせること。できることをほめて、自信を育てること。そして、その子にできるコミュニケーションの方法で、少しずつやり取りをしていくことです。

例えば、うなずきができる子どもならイエス・ノーで答えられる質問にする、指差しができる子なら、いくつかの選択肢《せんたくし》を図などで示して、それを選ばせる、という方法です。

そのような対応で、少しずつ改善していくことが多いですが、周囲がまず、このような状態に気づいて、必要な関わりを提供していくことが何より大切です。

「かんもくネット」で検索《けんさく》すると、支援《しえん》団体《だんたい》が作ったサイトがあり、さまざまな情報が得られます。また一度、小児科《しょうにか》か、発達相談の窓口などで相談されてもいいでしょう。

✕ 話すことを強制しない

◯周囲が気づいて、安心感を持たせることが大切

無理やりしゃべらせようとするのではなくて、本人が安心して過ごせるように配慮《はいりょ》しよう
おはよう
おはよー
おはよう、今日のピン留めかわいいねー
……
あらステキな色を使ったのね。上手《じょうず》に描《か》けたね
言いたいことがあったら、メモで渡《わた》してくれたらいいからね
先生ー
お外遊びしたーい
水遊びがいいー!!
ハーイ
やだー
先生ー
用事があるときは先生の手をトントンってして教えてね
なつみちゃんのペースで大丈夫《だいじょうぶ》だよ
先生はちゃんと私のことをわかってくれている。安心……

おわりに

3～6歳の子育ての、大きなテーマは、「しつけ」「ルール」「自分をコントロールする力を身につける」ことです。

しかし、ここまで読んできて、「でもなかなか子どもは言うことを聞かない」「ついついキレてしまう（涙）」と思う人も少なくないと思います。

それでもいいのです。

なかなか実際にはうまくいかなくても、少なくとも、大切なことを「知った」わけですから。「知る」ことは大切です。少なくとも、知らないよりは、大きな進歩です。

そのうえで最後に、私から、この本でいちばんお伝えしたかったことを、もう一度まとめておきたいと思います。

(1) 子どもの自己肯定感を育むことが大切です

子どもに、ルールを教えることは大切です。

ただ、そのルールが身につくために、とても大切なのが、土台の自己肯定《じここうてい》感《かん》を育てることです。

自己肯定感《じここうていかん》とは、「自分は生きている価値がある」「大切な存在だ」という気持ちです。

逆にいうと、この自己肯定感《じここうていかん》さえしっかり育てれば、子どもはそれなりにちゃんと成長していく、ということです。

(2) すぐに結果が出なくていいのです

子どもは機械ではありませんから、こういう関わりをしたから、すぐ変わる、というものではありません。

結果が出るには少し時間がかかります。でも、少しでもよい対応を心がけ

ていけば、半年、1年たつうちに、必ずいい方向に変わってきます。子どもも成長していきますから、それだけでできることも増えていきます。焦《あせ》る必要はないのです。

(3) 親だけですべて教えようと思う必要はありません

子どもは、親だけで育てるものではありません。

保育園、幼稚園《ようちえん》や学校、先生、友達《ともだち》、地域の人たち、いろいろな人との関わりの中で、大事なことを学んでいきます。

すべて親の育て方のせい、と思う必要もないのです。

(4) 親も自分をほめていいのです

自己肯定感《じここうていかん》は子どもだけでなく、親にとっても必要です。

子育てに悩《なや》む、ついついキレしまう、それはそれだけ、親御《おやご》さんが子育て

をがんばっているからです。

そういう自分を、ぜひほめてあげてほしいと思います。

駅のホームやショッピングセンターで、時々、ものすごい勢いで子どもに怒《おこ》っている親御《おやご》さんを見かけます。

私には、その親御《おやご》さんが、どれほど追《お》い詰《つ》められているのか、どれほどの悲しみを背負ってきたのか、わかる気がするのです。

そんな親子が、少しでも笑顔《えがお》になってもらえたら、という思いで、この本を書きました。

少しでも参考になれば幸いです。

平成29年11月

明《あけ》橋《はし》 大《だい》二《じ》

〈イラスト〉

太田　知子（おおた　ともこ）

昭和50年、東京都生まれ。
２児の母。
イラスト、マンガを仕事とする。
著書『子育てハッピーたいむ』①～③
　　『りんごちゃんと、おひさまの森のなかまたち』①～⑤
　　『HSC子育てあるある うちの子は ひといちばい敏感な子！』

アンケートにご協力をお願いいたします

下のQRコードから、お答えください。

本書についての感想をお聞かせください。

※ご記入いただいた個人情報は、弊社からの郵送・電子メール等によるご案内、記念品の発送以外には使用いたしません。

〈著者略歴〉

明橋　大二（あけはし　だいじ）

心療内科医。専門は精神病理学、児童思春期精神医療。
昭和34年、大阪府生まれ。京都大学医学部を卒業し、現在、
真生会富山病院心療内科部長。児童相談所嘱託医、NPO法人
子どもの権利支援センターぱれっと理事長、富山県虐待防止アドバイザー、富山県いじめ問題対策連絡会議委員、富山県南砺市政策参与として、子どもの問題に関わる。
著書『なぜ生きる』（共著）、『子育てハッピーアドバイス』シリーズ、『みんな輝ける子に』『見逃さないで！ 子どもの心のSOS　思春期に がんばってる子』『心の声に耳を傾ける 親と子の心のパイプは、うまく流れていますか？』『HSCの子育てハッピーアドバイス　HSC＝ひといちばい敏感な子』など。

現在「子育てハッピーアドバイス」に書かれた「親も子も幸せになる子育て」を全国に広めるため「認定子育てハッピーアドバイザー養成講座」を開講し、支援者育成に当たる。（詳細は、「一般社団法人HAT」　www.hat-a.com）

● 明橋大二ホームページ　www.akehashi.com

3～6歳の　これで安心
子育てハッピーアドバイス

平成29年(2017)11月27日　第1刷発行
令和4年(2022)3月15日　第4刷発行

著　者　明橋　大二
イラスト　太田　知子

発行所　株式会社　1万年堂出版
〒101-0052　東京都千代田区神田小川町2-4-20-5F
電話　03-3518-2126
FAX　03-3518-2127
https://www.10000nen.com/

装幀・デザイン　遠藤 和美

印刷所　凸版印刷株式会社

ISBN978-4-86626-030-3 C0037

ほめ方・叱り方のキホンを伝授

子育てハッピーアドバイス 大好き！が伝わる ほめ方・叱り方

「ありがとう」は、最高のほめ言葉／できた1割をほめていけば、子どもはぐんぐん元気になります　ほか

定価1,026円（10%税込）
978-4-925253-42-0

どうしても怒ってしまうママの質問に答える

子育てハッピーアドバイス 大好き！が伝わる ほめ方・叱り方②

きょうだいげんかがひどいのですが……／赤ちゃん返りがたいへんです／「ごめんなさい」が言えません　ほか

定価1,026円（10%税込）
978-4-925253-47-5

小学生の心を知って、やる気の芽を育てよう

子育てハッピーアドバイス 大好き！が伝わる ほめ方・叱り方③小学生編

文句や口答えが増える中間反抗期／ほめ言葉が自然と増える、シンプルな習慣　ほか

定価1,026円（10%税込）
978-4-925253-64-2

安心して赤ちゃんを迎えるために

子育てハッピーアドバイス 妊娠・出産・赤ちゃんの巻

今からできる、安産のための体作り／自分の受けた子育てを振り返る／プレパパへのメッセージ　ほか

（共著　吉崎達郎）

定価1,026円（10%税込）
978-4-925253-56-7

好き嫌いの悩みから、簡単レシピまで

子育てハッピーアドバイス 笑顔いっぱい 食育の巻

好き嫌いはみんなある／遊び食べ、食べムラには、こんな工夫も……栄養バランスは気にしすぎないで　ほか

（共著　松成容子）

定価1,100円（10%税込）
978-4-925253-78-9

孫が幸せに育つために、祖父母だからできること

子育てハッピーアドバイス ようこそ 初孫の巻

祖父母だから、できること／孫と遊ぼう！／こうすれば、息子・娘夫婦との関係が円滑に　ほか

（共著　吉崎達郎）

定価1,026円（10%税込）
978-4-925253-60-4

明橋先生の、心がほっとする講演を収録

講演DVD付 子育てハッピーセミナー

全国で大人気。明橋先生の講演を読みやすく編集。DVDビデオで、いつでも講演会に参加できます。

DVD1枚付（70分）

定価2,075円（10%税込）
978-4-925253-34-5

太田知子著　ニンマリ育児日記

子育てハッピーたいむ ななとひよこの楽しい毎日①②③

当たり前の日常が、いちばんの幸せ、と気づかせてくれます

① 定価1,026円（10%税込）
978-4-925253-45-1
② 定価1,100円（10%税込）
978-4-925253-65-9
③ 定価1,100円（10%税込）
978-4-925253-72-7

日めくりカレンダーも大好評

毎朝めくって、幸せな子育てを

日めくり 子育てハッピーカレンダー

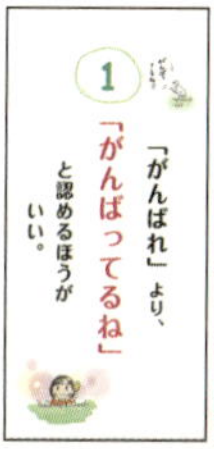

価格1,026円（10%税込）
縦28.8cm×横14cm（33枚）
978-4-925253-32-1

心温まるアドバイスが日めくりに

日めくりカレンダー 大好き！が伝わる ほめ方・叱り方

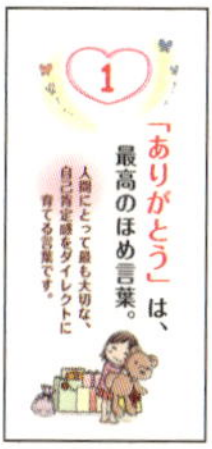

価格1,026円（10%税込）
縦28.8cm×横14cm（33枚）
978-4-925253-43-7

「わぁっ！　どうしよう」となる前に

子育てハッピーアドバイス 知っててよかった 小児科の巻 増補改訂版

吉崎達郎／明橋大二ほか 著　イラスト・太田知子

定価1,430円（10％税込）
四六判　320ページ
978-4-86626-049-5

子どもの病気に関する正しい知識を、マンガをまじえて、わかりやすく解説します。小児科、耳鼻科、皮膚科、歯科、眼科の専門医も執筆。充実した一冊です。

●子どもは、いろんな細菌やウイルスにもまれ、乗り切る方法を少しずつ学んでいくのです

「育てにくい子」と悩んでいませんか？

HSCの子育てハッピーアドバイス

HSC=ひといちばい敏感な子

明橋大二 著　イラスト・太田知子

定価1,320円（10％税込）
四六判　232ページ
978-4-86626-034-1

よく泣く、眠らない、刺激に敏感、変化が苦手など……。「他の子とちょっと違う？」と悩んでいませんか。それは、ひといちばい敏感な子（ＨＳＣ）だからかもしれません。ＨＳＣとはどんな特性なのか、その個性を活かせるアドバイスが満載の一冊です。

●何に対して敏感かは、人それぞれ違います

明橋大二のロングセラー

なぜ生きる

高森顕徹 監修
明橋大二（精神科医）・伊藤健太郎（哲学者）著

定価1,650円（10%税込）　372ページ
四六判 上製　978-4-925253-01-7

こんな毎日のくり返しに、どんな意味があるのだろう？

忙しい毎日の中で、ふと、「何のためにがんばっているのだろう」と思うことはありませんか。幸福とは？　人生とは？　誰もが一度は抱く疑問に、精神科医と哲学者の異色のコンビが答えます。

読者からのお便りを紹介します

大阪府　35歳・女性

本屋でパッと開けた時に、「人生に目的を持たないで生きている人は、ゴールのないランナーと同じ」という文面が出てきました。

そう、私って、毎日同じことのくり返しに苦しんでいたのです。この本を読んで、何か、すっきりしました。また、死にたくなったらこの本を読み返そうと思います。

新潟県　39歳・女性

読み進めていくうちに、私の心の氷がとけていくようなおだやかな気持ちになっていきました。

日々の家事や育児、思い通りにならないことのストレスから、生きることを無意味に思い始めていた毎日でした。

生きる意味は何か、人生の目的は何か、自分に問うことができ、これから本当の幸福を感じられる自分になりたいと思いました。